LESSON 1

5までの　かず ①

1 えと　おなじ　かずだけ　○に　いろを　ぬってから，ぬった　○の　かずを　かきましょう。（100てん）1つ25

[　　　]

[　　　]

[　　　]

[　　　]

こたえは85ページ

LESSON 2

5までの　かず ②

月　日

とくてん

てん／ごうかく 80てん

1 すうじと　おなじ　かずだけ　えを ○で　かこみましょう。(40てん) 1つ20

❶ 1

❷ 4

2 ●の　かずを　かきましょう。(60てん) 1つ10

❶ ●●●●●

[　　　]

❷ ●○○○○

[　　　]

❸ ●●●●○

[　　　]

❹ ●●○○○

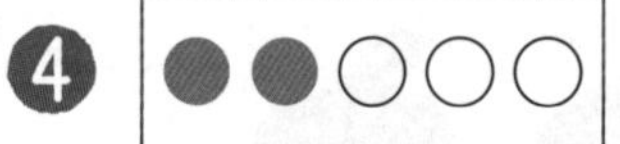

[　　　]

❺ ●○○●○

[　　　]

❻ ●○●○●

[　　　]

こたえは85ページ ☞

LESSON 3

10までの かず ①

シール

1 えと　おなじ　かずだけ　○に　いろを　ぬってから，ぬった　○の　かずを　かきましょう。（100てん）1つ25

❶

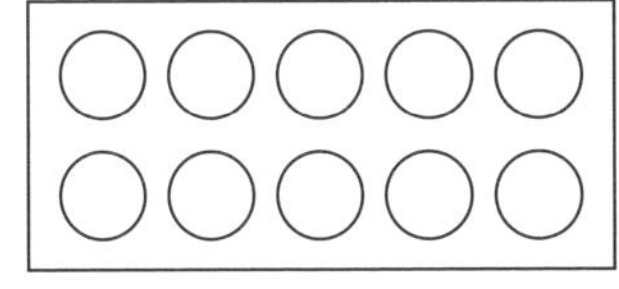

[　　　]

❷

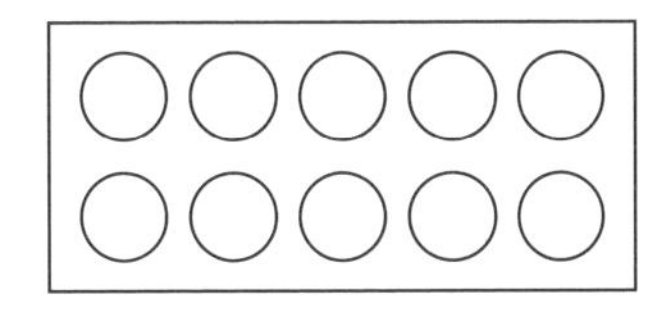

[　　　]

❸

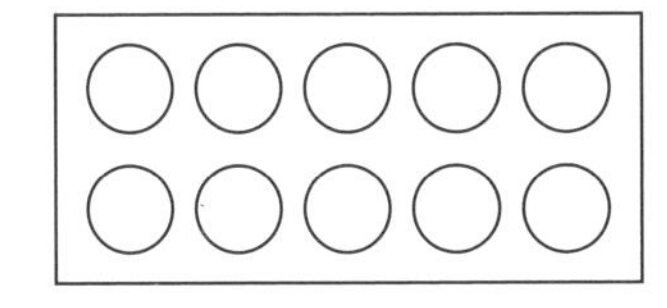

[　　　]

❹

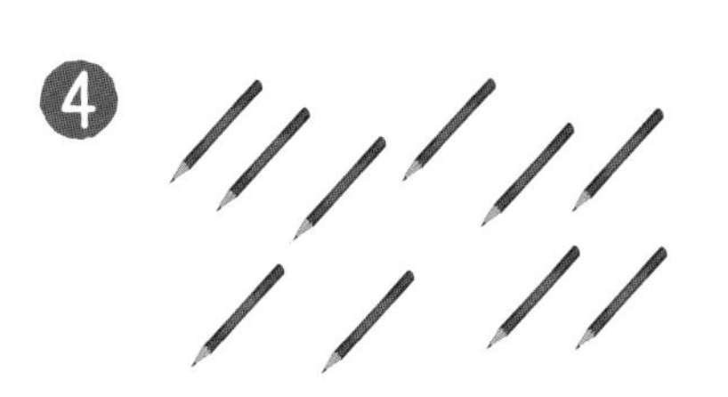

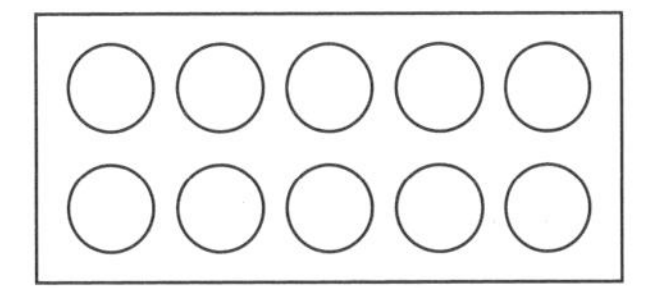

[　　　]

こたえは85ページ ☞

LESSON 4

10までの かず ②

シール

月 日

とくてん

てん ごうかく80てん

1 おなじ かずの ものを せんで むすびましょう。(80てん) 1つ20

 ・ ・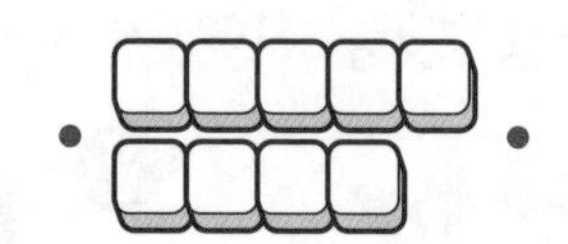・ ・ 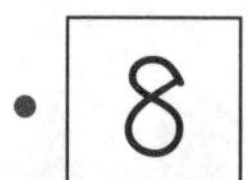

 ・ ・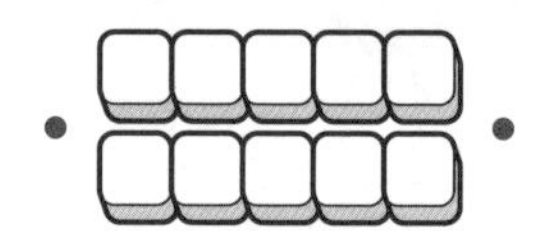・ ・ 7

 ・ ・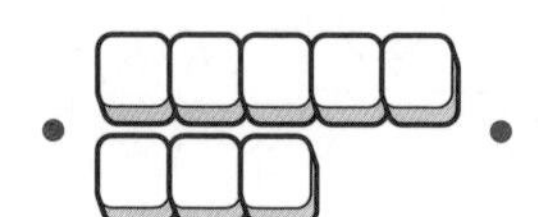・ ・ 9

 ・ ・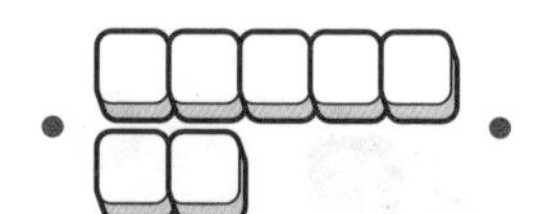・ ・ 10

2 ケーキ(けえき)の かずを かきましょう。(20てん) 1つ10

[ ]

[ ]

LESSON 5

なんばんめ ①

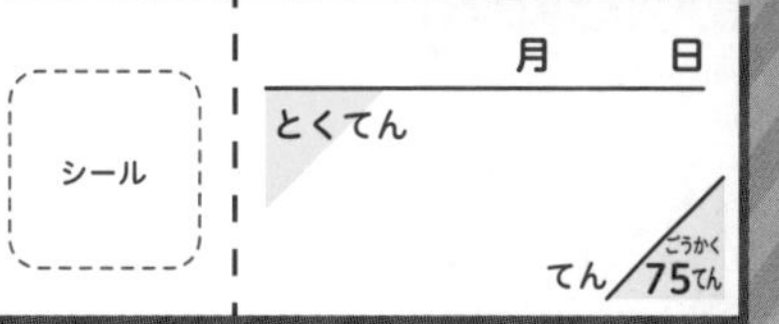

1 □に かずを かきましょう。(100てん) 1つ25

❶ ゆうまさんは まえから □ ばんめ

❷ ゆうまさんは うしろから □ ばんめ

❸ はるとさんは まえから □ ばんめ

❹ はるとさんは うしろから □ ばんめ

LESSON 6

なんばんめ ②

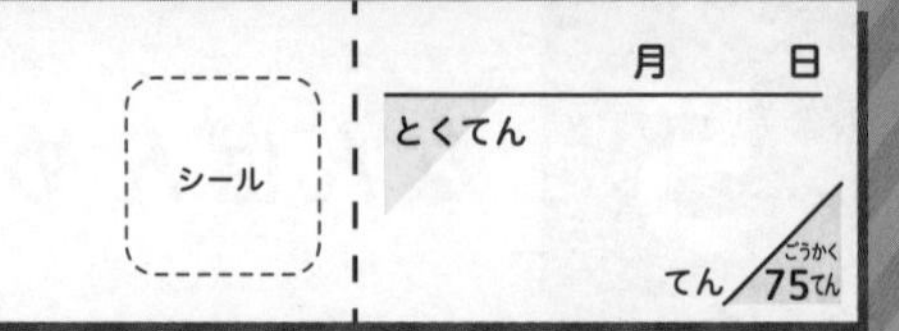

1 あてはまる　ものを　○で　かこみましょう。（100てん）1つ25

❶ みぎから　4ばんめ

❷ みぎから　4だい

❸ ひだりから　3ばんめ

❹ ひだりから　3びき

こたえは86ページ

LESSON 7

いくつと いくつ ①

シール

月　日

とくてん

てん　ごうかく 80てん

1 おなじ　ものを　せんで　むすびましょう。（60てん）1つ20

5つと　1つ・

・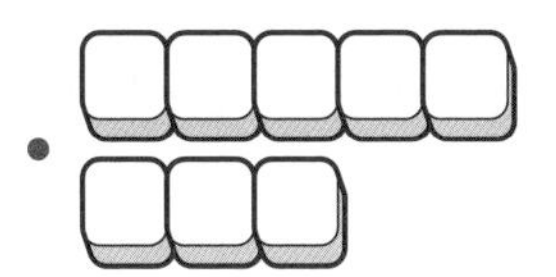

5つと　3つ・

・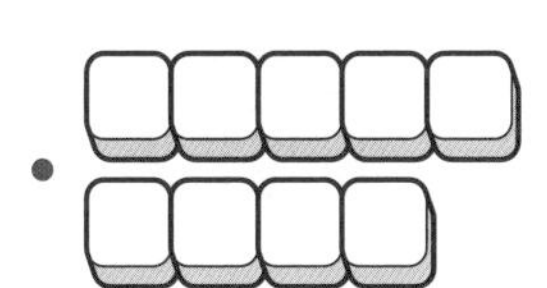

5つと　4つ・

・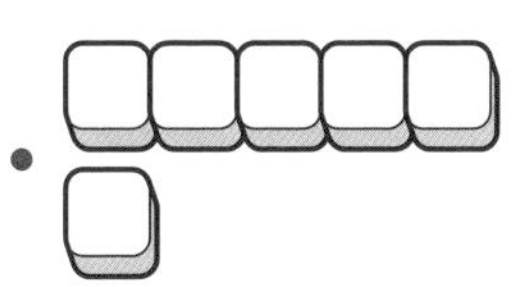

2 いくつ　ありますか。□に　かずを　かきましょう。（40てん）1つ10

❶ 

5と □ で □

❷

5と □ で □

LESSON 8

いくつと いくつ ②

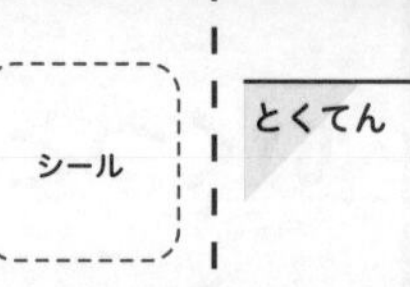

月　日

とくてん

てん／ごうかく 80てん

1 10を 2つに わけます。□に かずを かきましょう。(40てん)1つ10

❶ 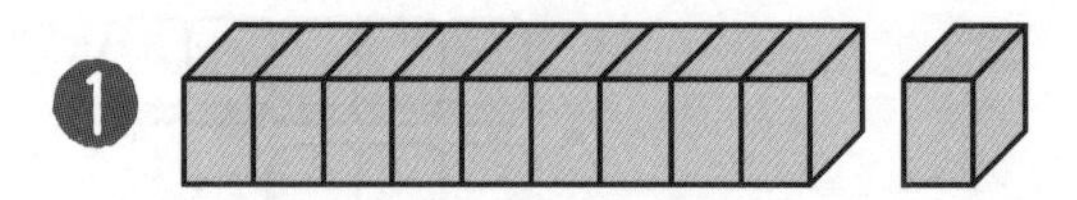

9と □

❷ 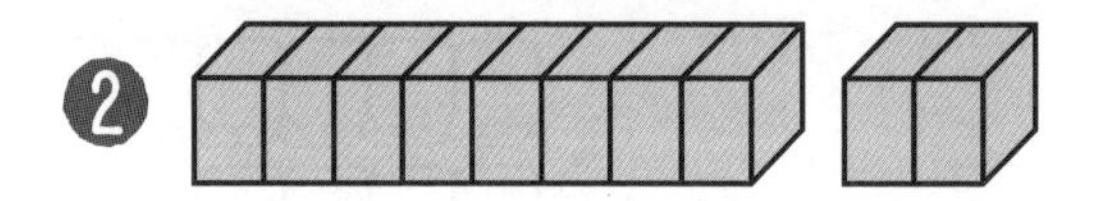

8と □

❸ 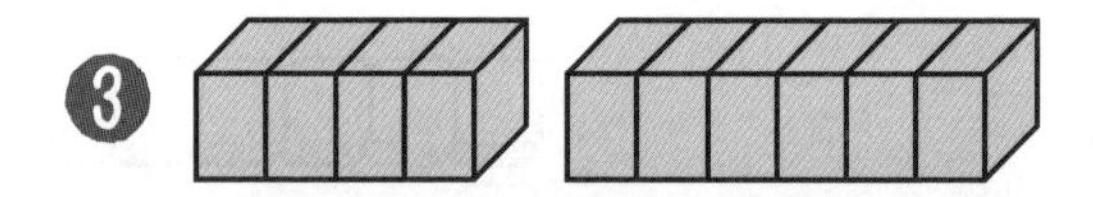

□と 6

❹ 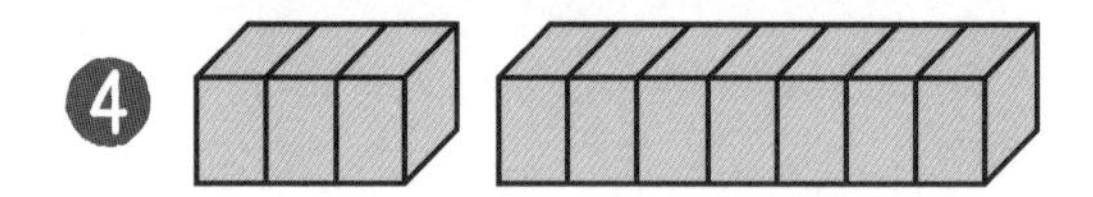

3と □

2 うえの かずを，したの 2つの かずに わけます。□に かずを かきましょう。(60てん)1つ20

❶

6	
1	□

❷ 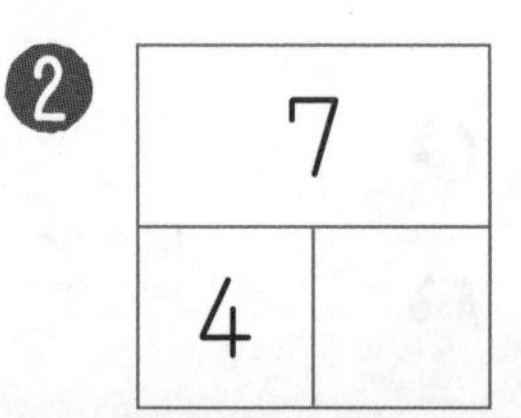

❸ 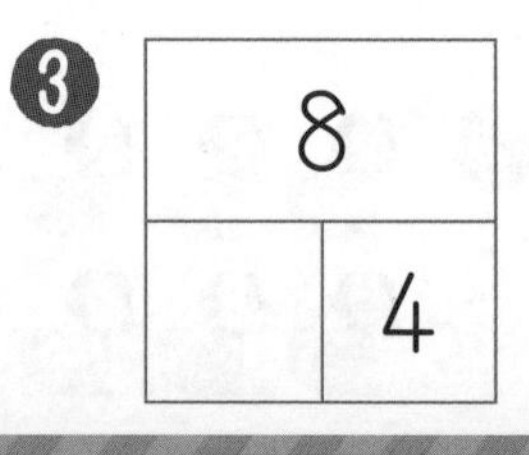

LESSON 9

あわせて　いくつ

シール

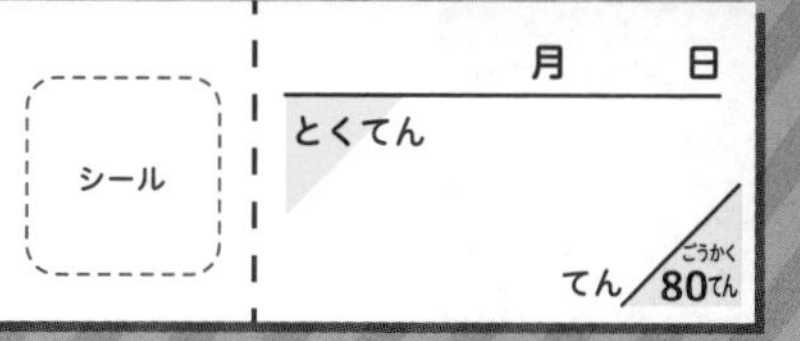

1 けいさんを　しましょう。(40てん)1つ10

❶ 2＋1

❷ 3＋6

❸ 4＋4

❹ 8＋2

2 あかい　おはじきが　4こ，あおい　おはじきが　3こ　あります。おはじきは　ぜんぶで　なんこ　ありますか。

(しき20てん・こたえ10てん)

(しき)

[　　　]

3 どうぶつの　ほんが　7さつ，のりものの　ほんが　1さつ　あります。ほんは　ぜんぶで　なんさつ　ありますか。

(しき20てん・こたえ10てん)

(しき)

[　　　]

LESSON 10

ふえると　いくつ

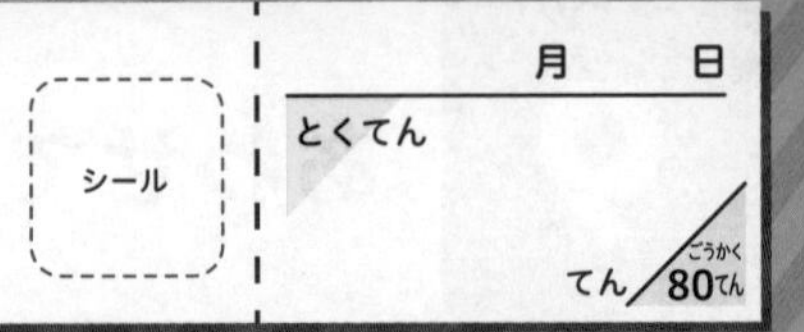

1 こたえが　おなじに　なる　カード(かあど)を
せんで　むすびましょう。(60てん)1つ20

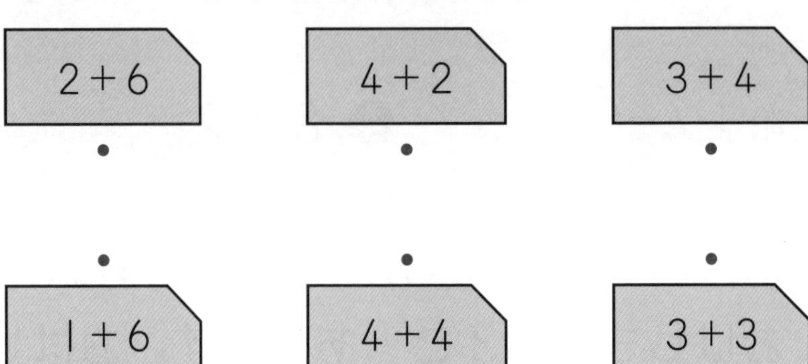

2 すずめが　2わ　とまって　います。
4わ　くると，ぜんぶで　なんわに
なりますか。(しき10てん・こたえ10てん)

(しき)

[　　　]

3 こうえんに　こどもが　4にん　いました。
あとから　6にん　きました。みんなで
なんにんに　なりましたか。(しき10てん・こたえ10てん)

(しき)

[　　　]

こたえは86ページ☞

LESSON 11

のこりは　いくつ

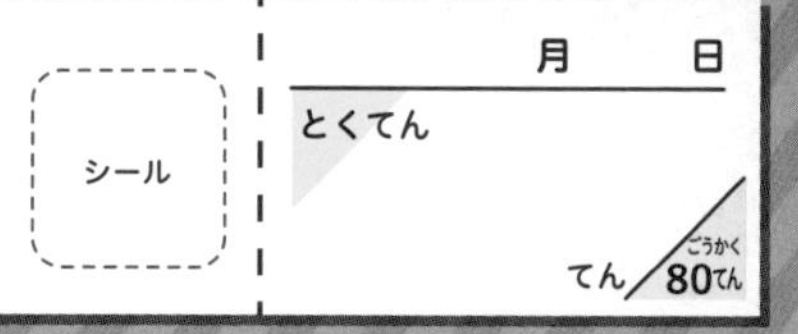

1 けいさんを　しましょう。(40てん)1つ10

❶ 7－3　　❷ 5－4

❸ 8－2　　❹ 9－7

2 みかんが　5こ　あります。1こ　たべました。のこりは　なんこですか。

(しき20てん・こたえ10てん)

(しき)

[　　]

3 はとが　9わ　いました。4わ　とんでいきました。のこりは　なんわですか。

(しき20てん・こたえ10てん)

(しき)

[　　]

LESSON 12

ちがいは　いくつ

月　日

とくてん

てん　ごうかく 80てん

1 けいさんを　しましょう。(40てん)1つ10

❶ 10－4　　❷ 10－3

❸ 10－6　　❹ 10－5

2 しろい　はなが　7ほん，あかい　はなが　4ほん　さいて　います。どちらが　なんぼん　おおいですか。(しき20てん・こたえ10てん)

(しき)

[　　　　　　　　　　]

3 いぬが　6ぴき，ねこが　2ひき　います。ちがいは　なんびきですか。(しき20てん・こたえ10てん)

(しき)

[　　　]

こたえは87ページ ☞

LESSON 13

かたち ①

1 にて　いる　かたちを　せんで　むすびましょう。(60てん)1つ10

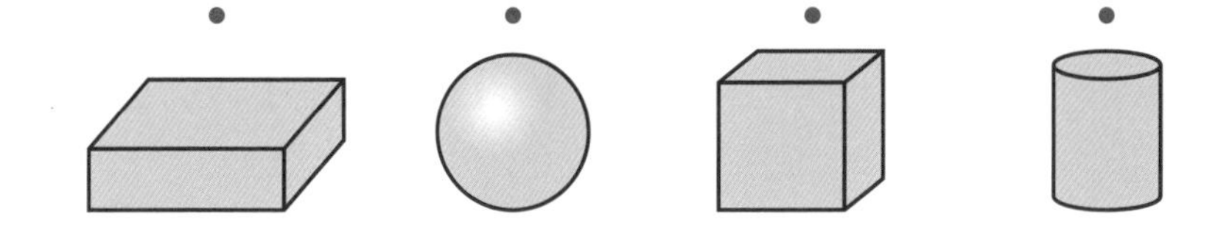

2 つみかさねる　ことの　できる　かたちに　○, できない　かたちに　×を　つけましょう。(40てん)1つ10

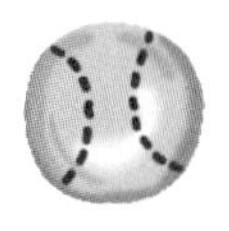

[　　] [　　] [　　] [　　]

LESSON 14

かたち ②

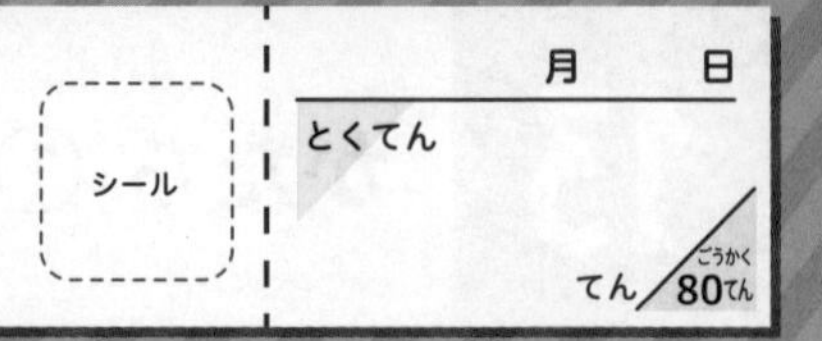

1 つぎの　つみきを　つかって，うつしとれる　かたちに　○，うつしとれない　かたちに　×を　つけましょう。（80てん）1つ10

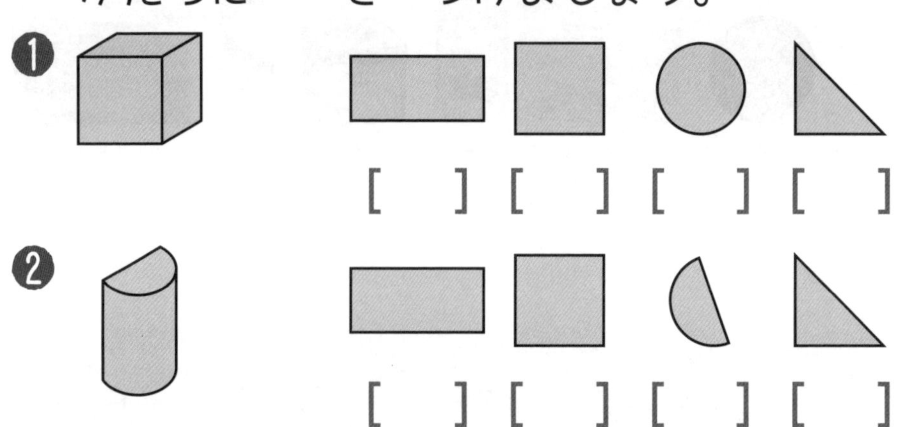

2 つぎの　えを　みて，こたえましょう。（20てん）1つ10

みかん	たまねぎ	なす	バナナ（ばなな）
にんじん	あめ	りんご	トマト（とまと）
ぶどう	レモン（れもん）	メロン（めろん）	いちご

(1) あめの　みぎには，なにが　ありますか。[　　　]

(2) あめの　したには，なにが　ありますか。[　　　]

こたえは87ページ☞

LESSON 15

0の　けいさん

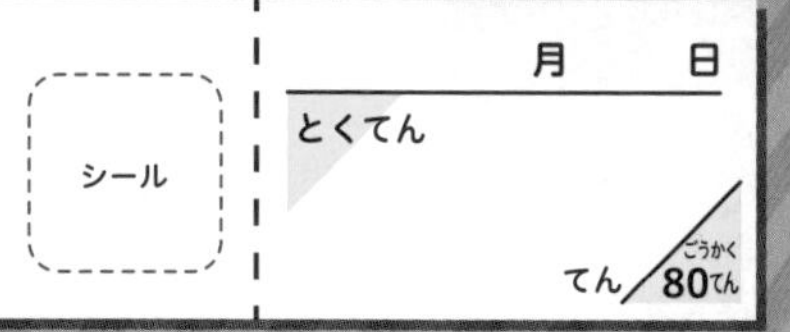

1 けいさんを　しましょう。(80てん)1つ10

❶ 4＋0

❷ 0＋9

❸ 6＋0

❹ 0＋8

❺ 3－0

❻ 2－0

❼ 7－7

❽ 0－0

2 たまごが　5こ　あります。たまごやきを　つくるのに　5こ　つかいます。のこりは　なんこですか。(しき10てん・こたえ10てん)

(しき)

[　　　]

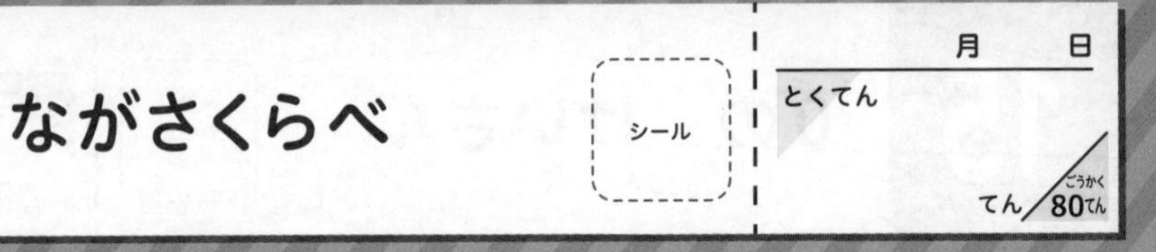

ながさくらべ

1 ながい　ほうに　○を　つけましょう。

(50てん) 1つ25

❶ [　　]
[　　]

❷ [　　]
[　　]

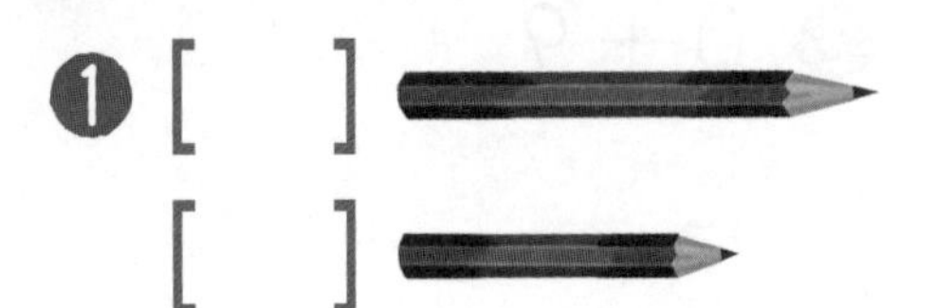

2 カード(かあど)を　つかって，テープ(てえぷ)の　ながさくらべを　して　います。

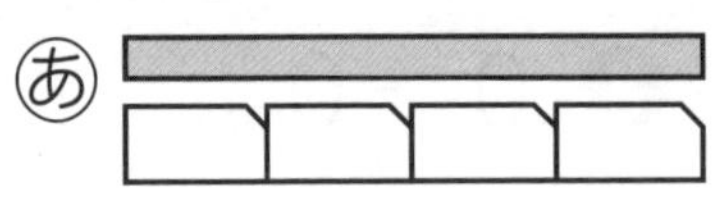

(1) あの　テープは，カード　なんまいぶんですか。(20てん)

[　　　　]

(2) どちらの　テープが，カード　なんまいぶん　ながいですか。(30てん) 1つ15

[　]の　テープが　カード　[　]まいぶん　ながい。

こたえは87ページ ☞

ひろさくらべ

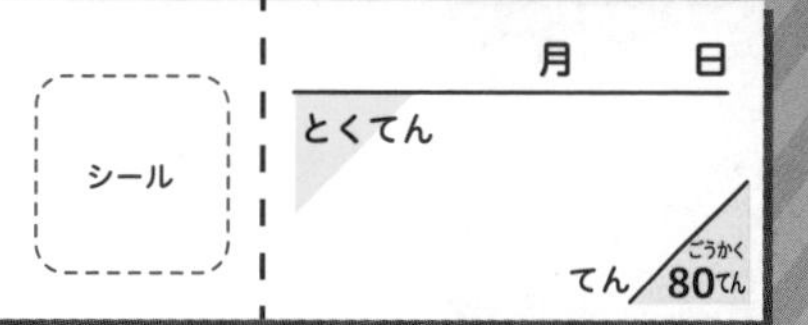

1 ひろい ほうに ○を つけましょう。

(50てん)1つ25

❶

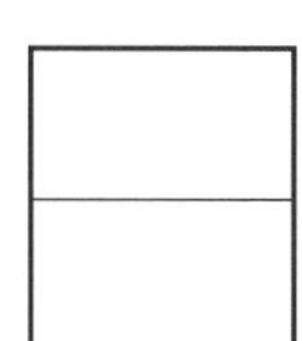

[ ] [ ]

❷
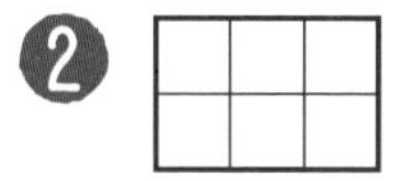
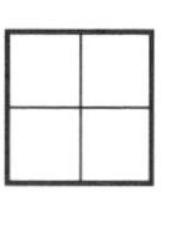

[ ] [ ]

2 ばしょとり あそびを しました。

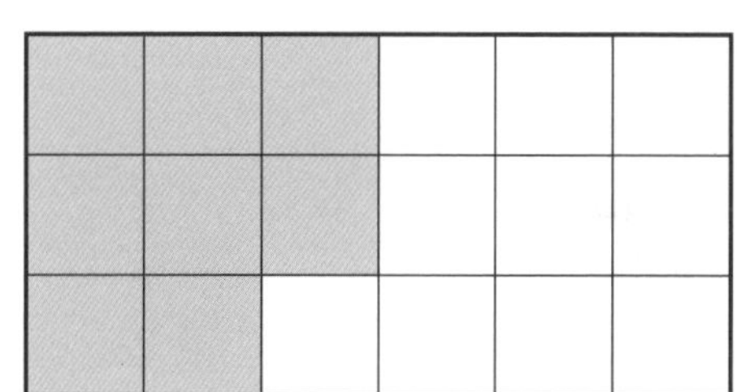

りくさん…■
ゆうさん…□

(1) りくさんが ぬった □は いくつ ありますか。(20てん)

[ ]

(2) どちらが □ いくつぶん ひろいですか。

(30てん)1つ15

さんが □ つぶん ひろい。

LESSON 18

かさくらべ

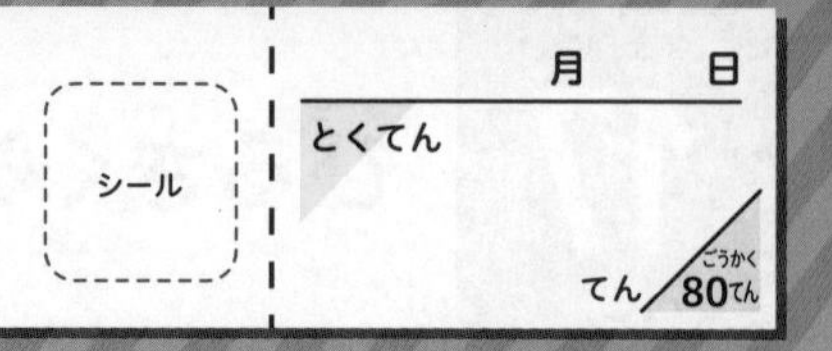

1 おおく はいる ほうに ○を つけましょう。(50てん)1つ25

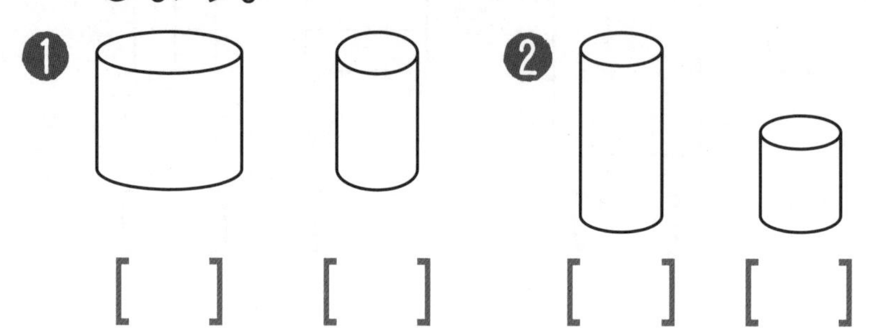

❶ [ ] [ ] ❷ [ ] [ ]

2 いれものに はいった みずを コップ(こっぷ)に うつしました。

(1) ㋒は，㋐より，コップ なんばいぶん おおく はいりますか。(20てん)

コップ □ ぱいぶん おおく はいる。

(2) いちばん おおく はいる いれものは どれですか。(30てん)

[ ]

こたえは88ページ ☞

LESSON 19

20までの かず ①

シール

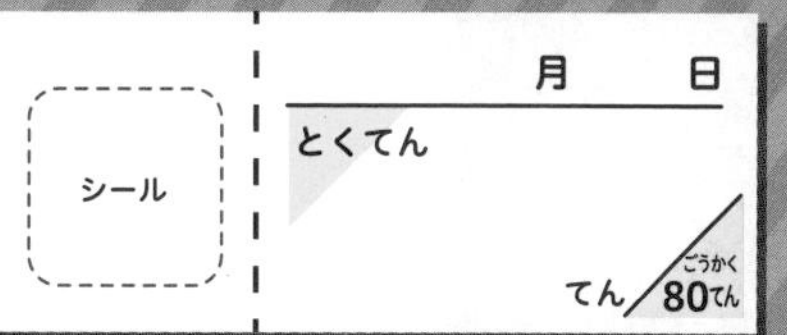

1 かずを かきましょう。 (80てん)1つ20

① 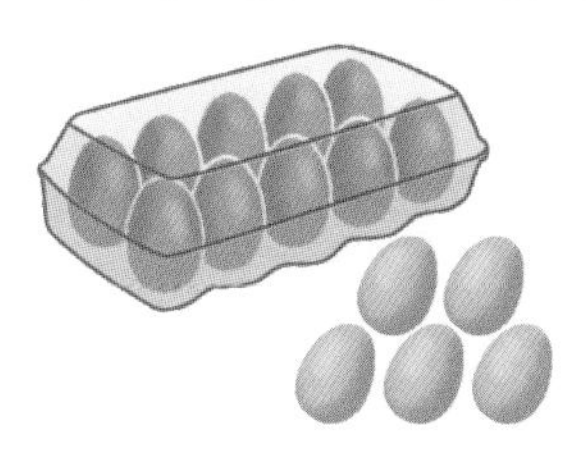

[　　　]

② 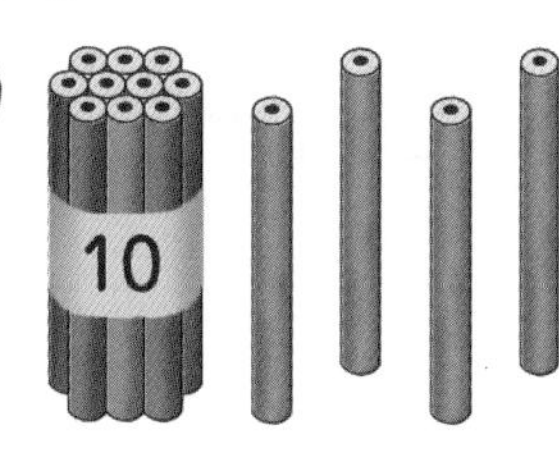

[　　　]

③

[　　　]

④ 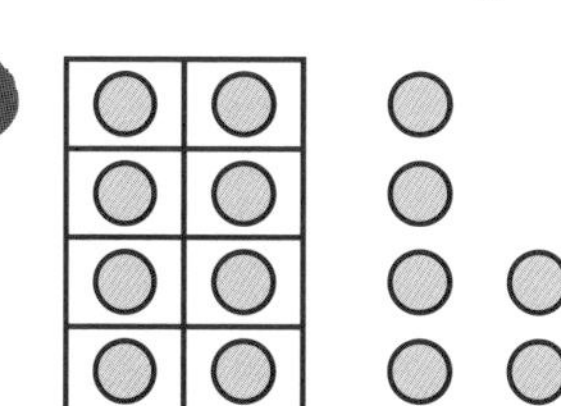

[　　　]

2 かずを かきましょう。 (20てん)1つ10

① 10より 7 大(おお)きい かず

[　　　]

② 14より 4 小(ちい)さい かず

[　　　]

LESSON 20

20までの かず ②

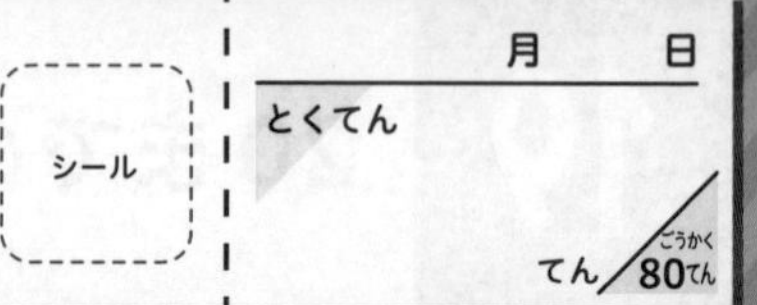

1 □に かずを かきましょう。 (60てん)1つ10

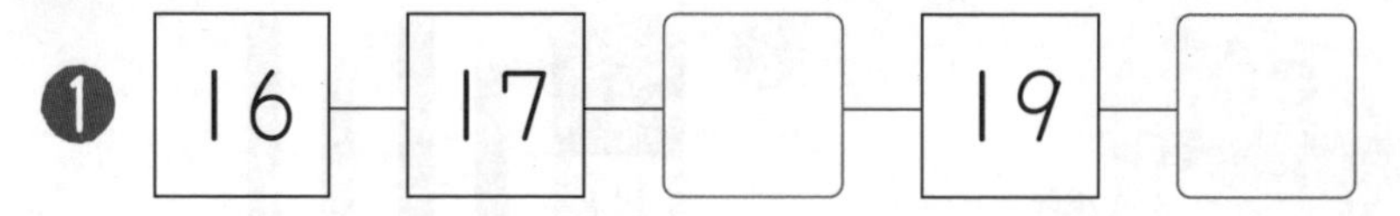

❶ 16 — 17 — □ — 19 — □

❷ 8 — □ — 12 — 14 — □

❸ □ — 19 — 18 — 17 — □

2 大(おお)きい ほうに ○を つけましょう。

(20てん)1つ10

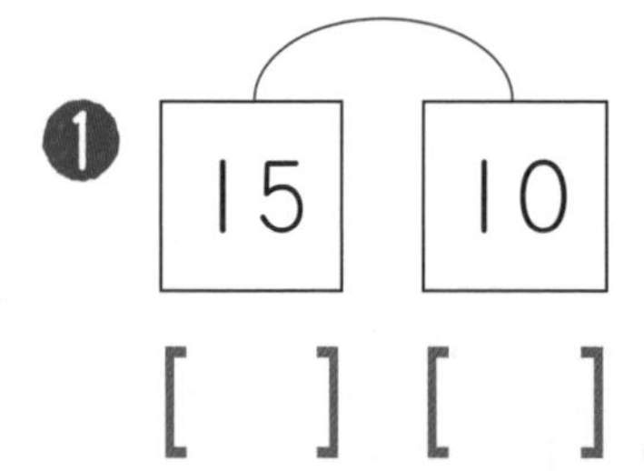

❶ 15 10

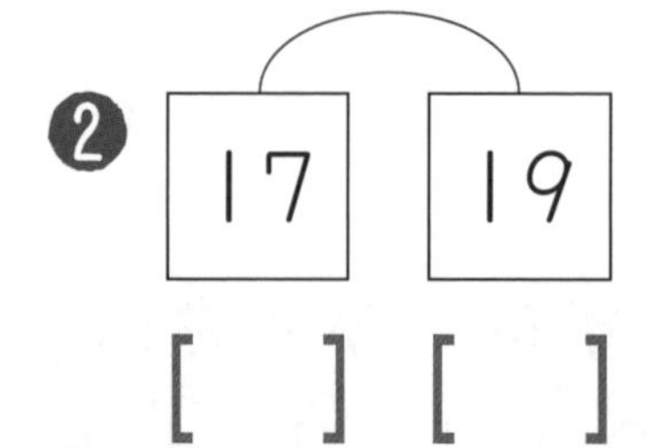

❷ 17 19

3 □に かずを かきましょう。 (20てん)1つ10

❶ 18は 10と □

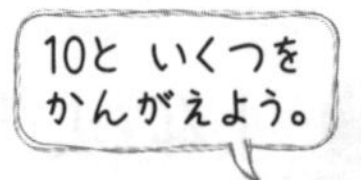

❷ 10と □ で 19

こたえは88ページ ☞

LESSON 21

なんじ　なんじはん

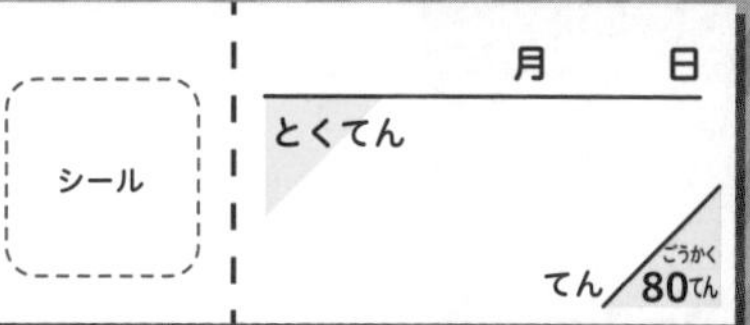

1 とけいを　よみましょう。(60てん)1つ15

❶

[　　　　]

❷

[　　　　]

❸

[　　　　]

❹

[　　　　]

2 ながい　はりを　かきましょう。(40てん)1つ20

❶ 10じ

❷ 4じはん

LESSON 22

3つの かずの けいさん

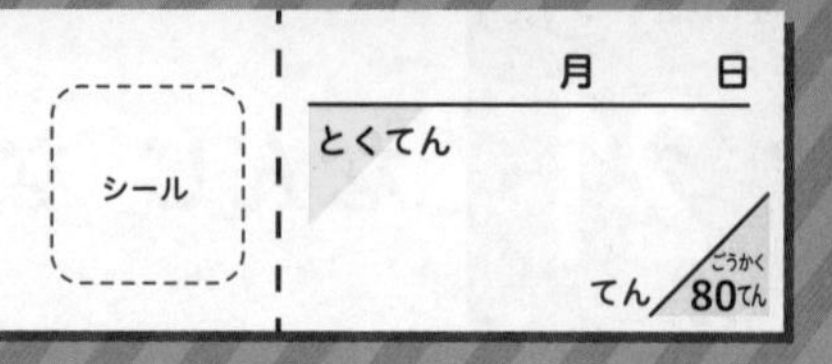

1 けいさんを しましょう。（60てん）1つ10

❶ $3+2+4$　　❷ $1+4+3$

❸ $4+5-3$　　❹ $2+5-6$

❺ $9-1-3$　　❻ $7-4-2$

2 バスに 5人（にん） のって いました。3人 のって きました。その あと，2人（ふたり） おりました。バスには，なん人 のって いますか。（しき20てん・こたえ20てん）

（しき）

［　　　］

こたえは88ページ☞

LESSON 23

たしざん ①

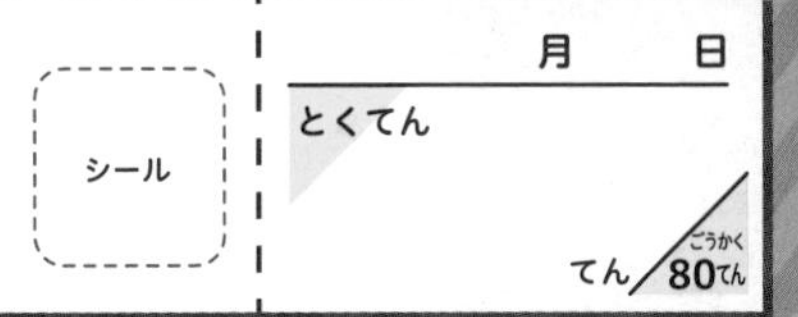

1 けいさんを　しましょう。(80てん)1つ8

❶ 9＋4

❷ 8＋3

❸ 9＋9

❹ 9＋7

❺ 7＋7

❻ 8＋7

❼ 6＋6

❽ 9＋6

❾ 8＋8

❿ 7＋6

2 おりがみを　8まい　もって　いました。5まい　もらいました。おりがみは，ぜんぶで　なんまいに　なりましたか。

(しき10てん・こたえ10てん)

（しき）

[　　　]

LESSON 24

たしざん ②

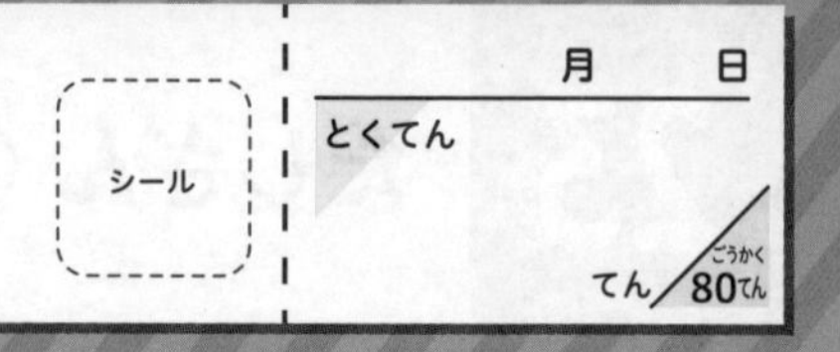

1 けいさんを　しましょう。(80てん)1つ8

❶ 5＋7　　❷ 5＋9

❸ 4＋8　　❹ 5＋8

❺ 8＋9　　❻ 3＋8

❼ 5＋6　　❽ 7＋9

❾ 4＋7　　❿ 6＋8

2 すなばで　3人（にん）　あそんで　います。9人　くると，みんなで　なん人に　なりますか。（しき10てん・こたえ10てん）

（しき）

[　　　　]

こたえは89ページ☞

ひきざん ①

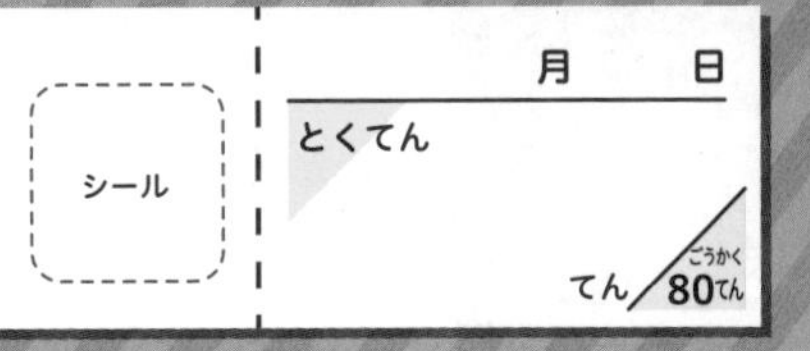

1 けいさんを しましょう。(80てん)1つ8

❶ 14－9 ❷ 13－7

❸ 15－7 ❹ 17－9

❺ 13－8 ❻ 16－8

❼ 12－9 ❽ 11－5

❾ 11－8 ❿ 12－6

2 きょうしつに 14人(にん) いました。そとに 8人 出(で)て いくと，なん人 のこりますか。(しき10てん・こたえ10てん)

（しき）

[　　　]

こたえは89ページ ☞

LESSON 26

ひきざん ②

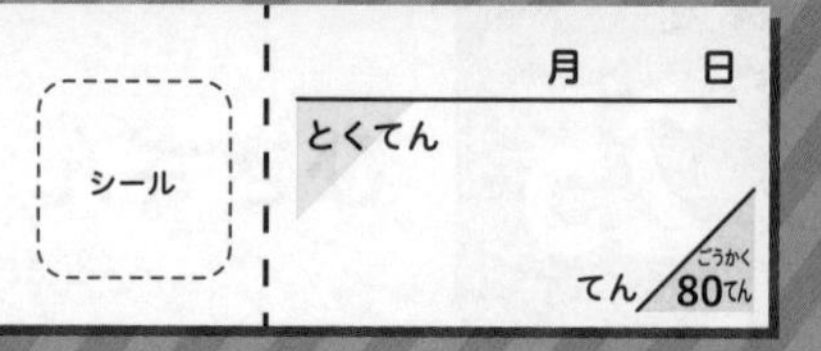

1 けいさんを　しましょう。(60てん)1つ15

❶ 12－3　　❷ 14－5

❸ 11－2　　❹ 13－5

2 どんぐりを　13こ　ひろいました。ともだちに　4こ　あげました。のこりは　なんこですか。(しき10てん・こたえ10てん)

(しき)

[　　　]

3 赤(あか)い　いろがみが　7まい，青(あお)い　いろがみが　11まい　あります。どちらが　なんまい　おおいですか。(しき10てん・こたえ10てん)

(しき)

[　　　]

こたえは89ページ ☞

LESSON 27

20より 大(おお)きい かず ①

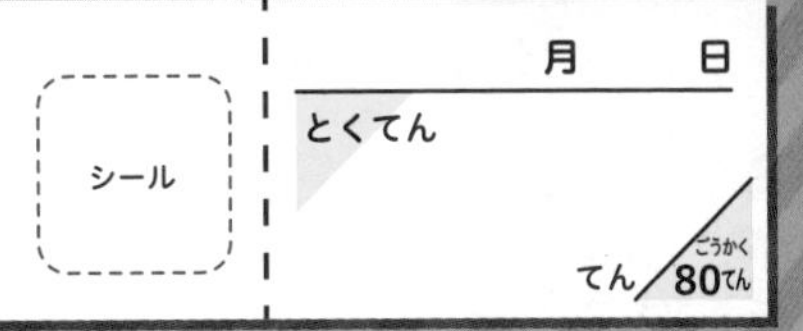

1 かずを かきましょう。(30てん)1つ15

❶ [　　]

❷ [　　]

2 □に かずを かきましょう。(40てん)1つ20

❶ 10が 4こと 1が 8こで □

❷ 90は, 10を □こ あつめた かず

3 大(おお)きい ほうに ○を つけましょう。(30てん)1つ10

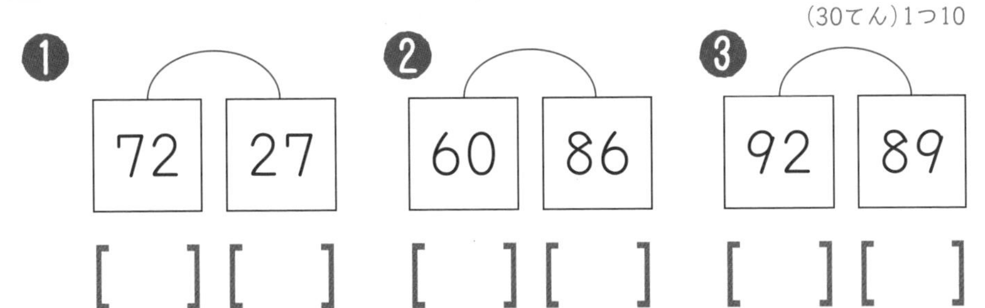

LESSON 28

20より 大(おお)きい かず ②

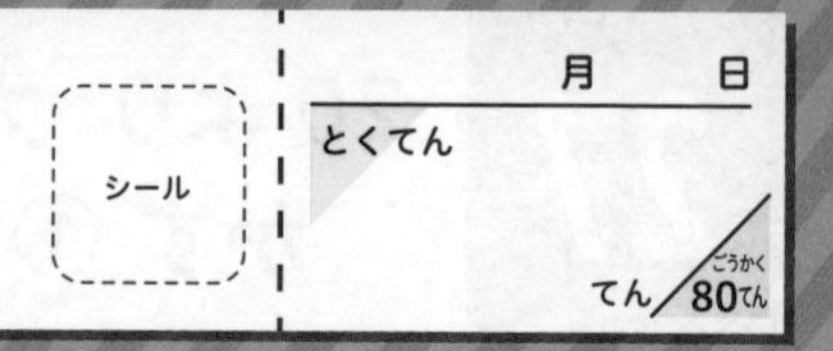

1 □に かずを かきましょう。(80てん)1つ10

❶
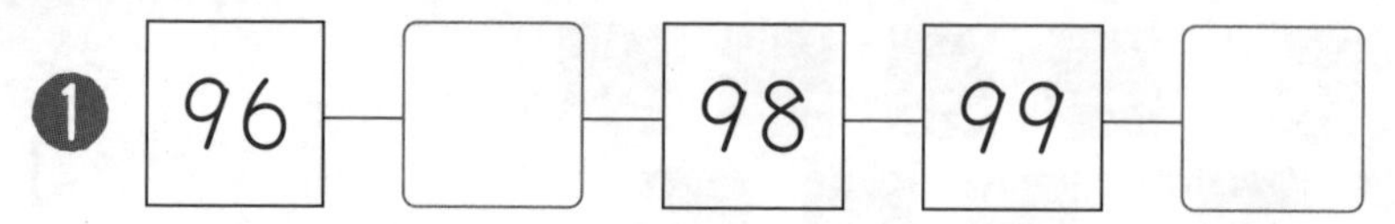

❷
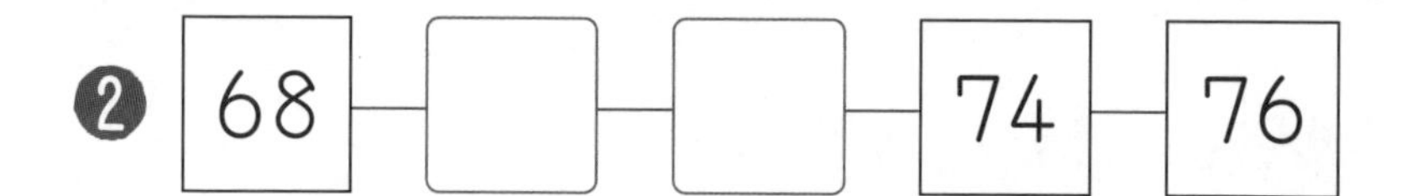

❸
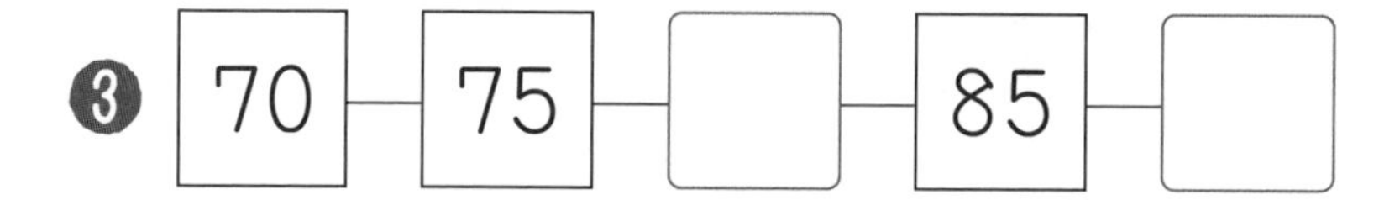

❹
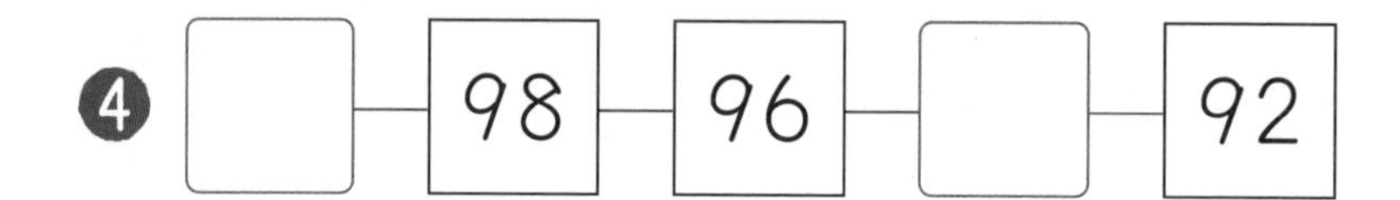

2 かずの せんを みて，□に かずを かきましょう。(20てん)1つ10

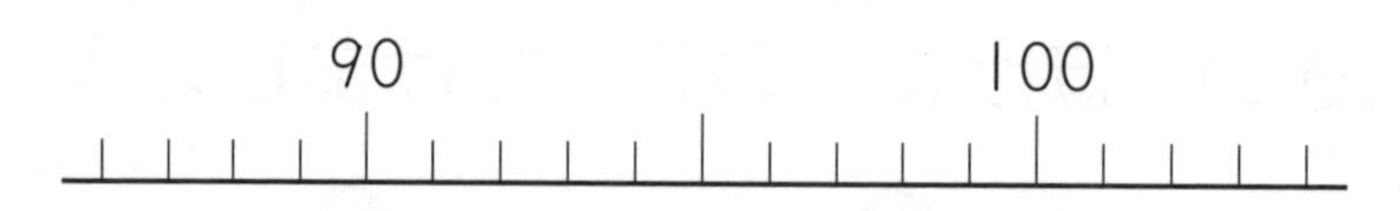

❶ 90より 2 大(おお)きい かずは □

❷ 100より 3 小(ちい)さい かずは □

こたえは89ページ

LESSON 29

せいりの　しかた

シール

月　日

とくてん

てん　ごうかく 80てん

1 やさいの　かずを　しらべましょう。

(1) やさいの　かずだけ　○に　したから
いろを　ぬりましょう。(60てん)1つ20

○	○	○	○
●	○	○	○
●	○	○	○
●	○	○	○
●	○	○	○
にんじん	ピーマン	トマト	なす

(2) いちばん　すくない　やさいは　なんで
すか。(20てん)

[　　　　　　]

(3) にんじんと　トマトは　どちらが　おお
いですか。(20てん)

[　　　　　　]

LESSON 30

かたちづくり

シール

月　日

とくてん

てん／ごうかく 80てん

1 右(みぎ)の いろいたを 2まい つかって できる かたちに ○を つけましょう。

(20てん)

あ　　　い　　　う

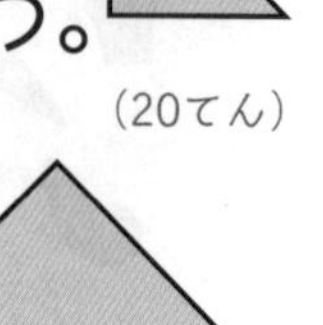

[　]　[　]　[　]

2 右の いろいたで，下(した)の かたちを つくります。なんまい つかいますか。

(60てん)1つ20

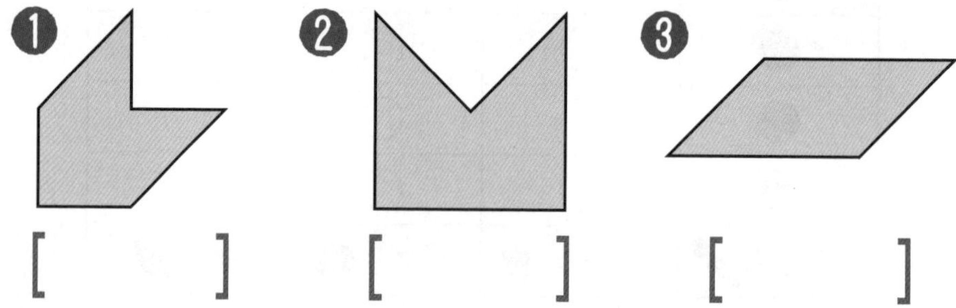

❶ [　] ❷ [　] ❸ [　]

3 いろいたを 1まい うごかして かたちを かえました。うごかす まえと うごかした あとの いろいたを くろく ぬりましょう。

(20てん)

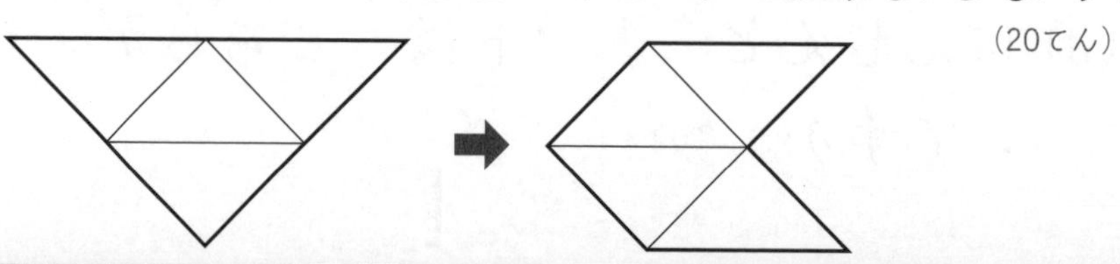

LESSON 31

たしざんと ひきざん ①

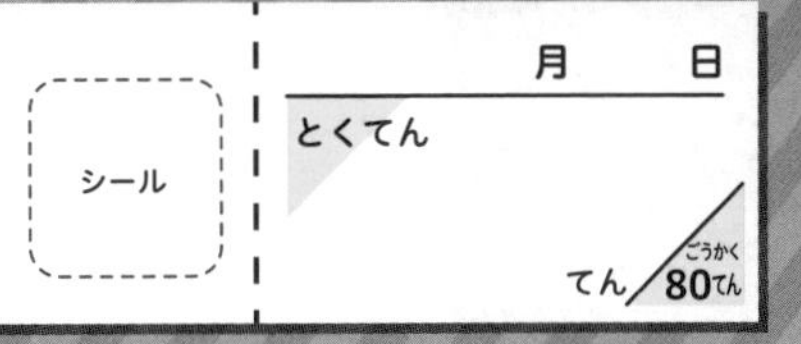

1 つぎの 2つの かずを あわせた かずは いくつですか。また，ちがいは いくつですか。(60てん)1つ30

7 と 9

あわせて いくつ

[ ]

ちがいは いくつ

[ ]

2 ひなたさんは，いろがみを 15まい もって います。はるまさんは，ひなたさんより 6まい すくないそうです。はるまさんは なんまい もって いますか。(しき20てん・こたえ20てん)

(しき)

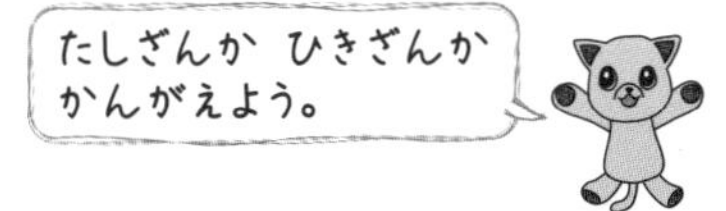

[ ]

LESSON 32

たしざんと ひきざん ②

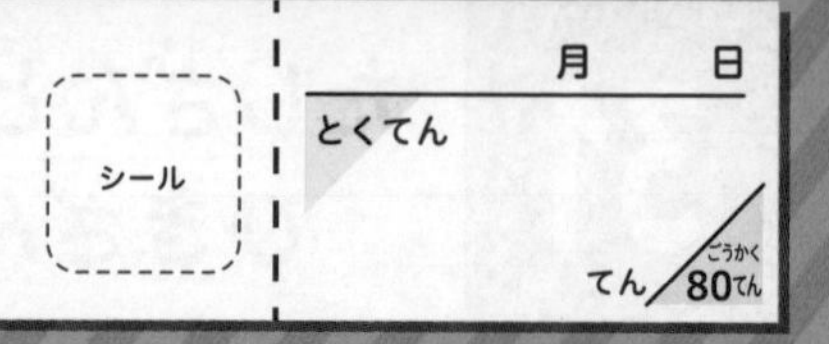

1 白い 花が 8本 さいて います。赤い 花は，白い 花より 4本 おおく さいて います。赤い 花は，なん本 さいて いますか。（しき30てん・こたえ20てん）

（しき）

[ ]

2 13人の 子どもが 1れつに ならんで います。ゆうかさんは，まえから 6ばん目です。ゆうかさんの うしろには，あと なん人 いますか。

（しき30てん・こたえ20てん）

（しき）

[ ]

こたえは90ページ☞

LESSON 33

たしざん ③

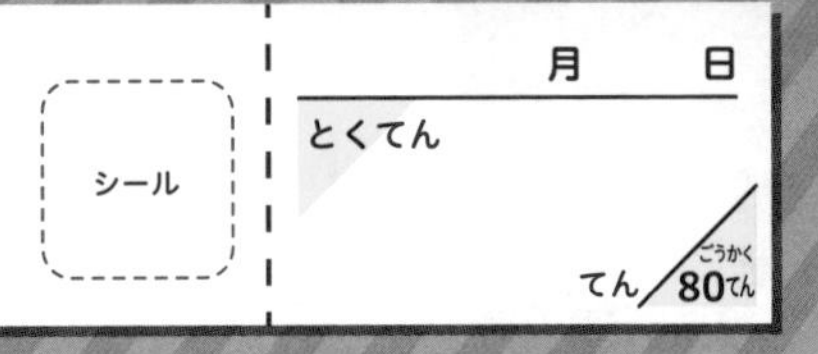

1 けいさんを　しましょう。(80てん)1つ8

❶ 10＋40　　❷ 20＋80

❸ 60＋20　　❹ 50＋40

❺ 30＋30　　❻ 70＋20

❼ 50＋6　　❽ 80＋3

❾ 94＋2　　❿ 68＋1

2 あめを　さらさんは　30 こ，りこさんは　40 こ　もって　います。あわせて　なんこ　ありますか。(しき10てん・こたえ10てん)

(しき)

[　　　]

こたえは90ページ

LESSON 34

ひきざん ③

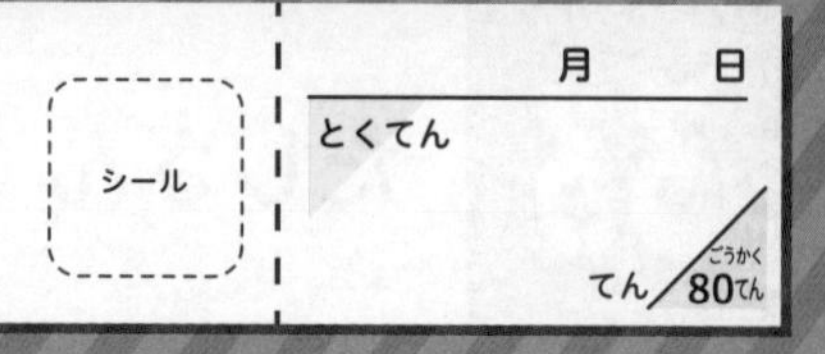

1 けいさんを　しましょう。(80てん)1つ8

❶ 30－10　　❷ 90－40

❸ 80－50　　❹ 100－20

❺ 70－60　　❻ 40－20

❼ 36－6　　❽ 27－7

❾ 68－4　　❿ 95－1

2 白(しろ)い　花(はな)が　60本(ぽん), 赤(あか)い　花が　40本さいて　います。白い　花と　赤い　花の　ちがいは　なん本(ぼん)ですか。

(しき10てん・こたえ10てん)

(しき)

[　　　]

こたえは90ページ☞

LESSON 35

なんじなんぷん

1 なんじなんぷんですか。(60てん)1つ15

❶

[ ]

❷

[ ]

❸

[ ]

❹

[ ]

2 ながい はりを かきましょう。(40てん)1つ20

❶ 2じ50ぷん

❷ 9じ16ぷん

LESSON 36

100より 大きい かず

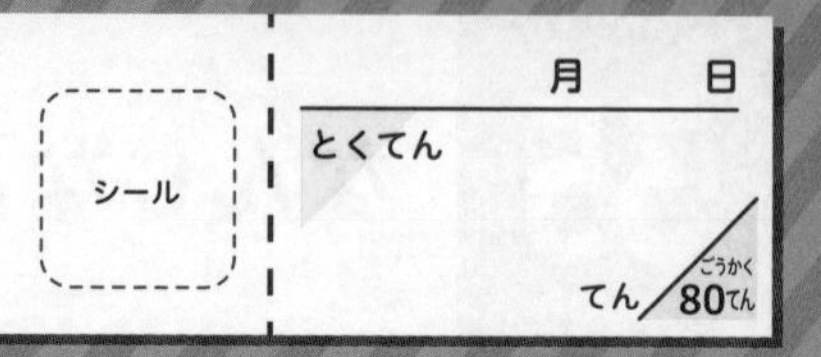

1 かずの せんを みて，□に かずを かきましょう。(20てん)1つ10

90 100 110 120

❶ 100より 3 大きい かずは □

❷ □ より 1 小さい かずは 117

2 □に かずを かきましょう。(40てん)1つ10

❶ 99 — □ — 101 — □ — 103

❷ 100 — □ — 110 — 115 — □

3 大きい ほうに ○を つけましょう。(40てん)1つ20

❶ 108 111

[ ] [ ]

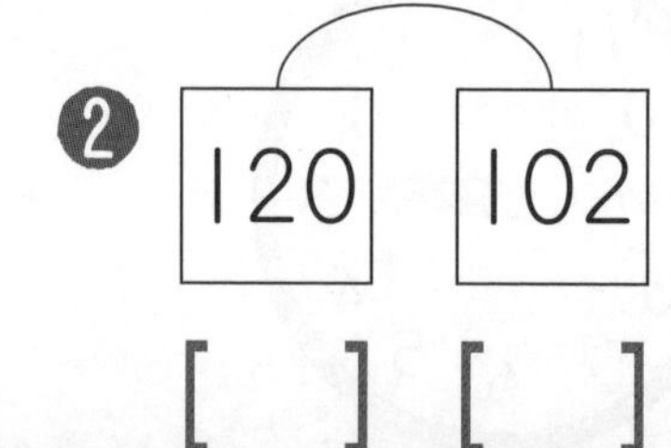
❷ 120 102

[ ] [ ]

こたえは90ページ

LESSON 37

がっこうたんけん ①

月　　日

1 がっこうたんけんで　いった　ことが　ある　へやに　○を　つけましょう。

❶ としょしつ[　　] ❷ ほけんしつ[　　]

❸ おんがくしつ[　　] ❹ パソコンルーム(ぱそこんるうむ)[　　]

LESSON 38

がっこうたんけん ②

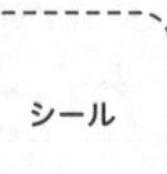

月　日

1 がっこうの　こうていの　すきな
ばしょに　○を　つけましょう。

❶ ジャングルジム（じゃんぐるじむ）[　　]

❷ しいくごや[　　]

❸ かだん[　　]

❹ てつぼう[　　]

こたえは91ページ

LESSON 39

がっこうの まわりを あるこう

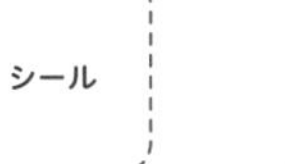

月　　日

1 がっこうの　まわりで　みつけた　ものに
○を　つけましょう。

みつけた　ものを
おしえて　あげよう。

❶ [　　]

❷ 

❸ 

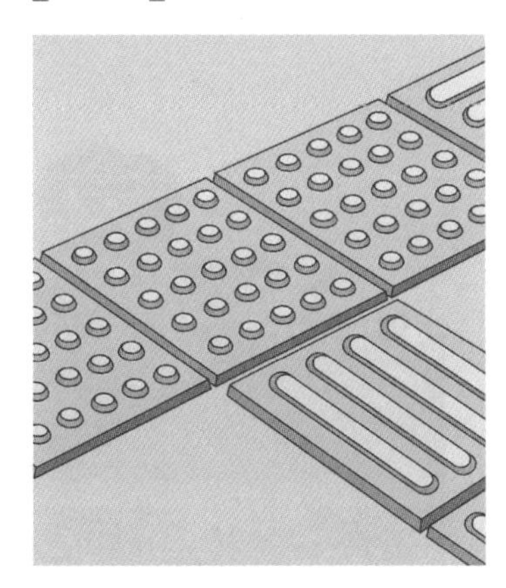

❹ 

こたえは91ページ☞

LESSON 40

はなを　そだてよう

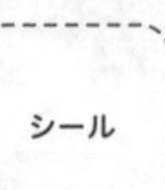

月　　日

1 はなを　そだてる　ときに　した
ことに　○を　つけましょう。

❶ どうぐの
じゅんび［　　］

❷ たねを
うえる［　　］

❸ みずやり［　　］

❹ くさむしり［　　］

こたえは91ページ☞

LESSON 41

なつが　きたよ

シール

月　　日

1 なつに　なって　した　あそびに　○を　つけましょう。

❶ しゃぼん玉(だま)[　　]　❷ いろ水(みず)あそび[　　]

❸ 虫(むし)とり[　　]　❹ プール(ぷうる)[　　]

こたえは91ページ ☞

LESSON 42

どんな　いきものが　いるかな

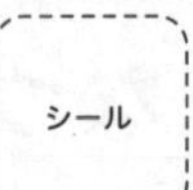

月　　日

1 がっこうで　見(み)つけた　いきものに　○を　つけましょう。

❶ ウサギ(うさぎ)[　　]

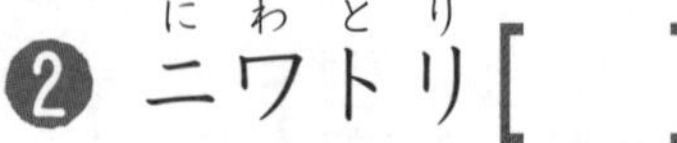

❷ ニワトリ(にわとり)[　　]

❸ ダンゴムシ(だんごむし)[　　]

❹ メダカ(めだか)[　　]

こたえは92ページ ☞

LESSON 43

あきが　きたよ

1 あきに　なって　見(み)つけた　ものに
○を　つけましょう。

見つけた あきを
しょうかい しよう。

❶ カエデ[　　]　❷ イチョウ[　　]

❸ カキ[　　]　❹ アキアカネ[　　]

LESSON 44

おもちゃを　つくろう

シール

月　　日

1 見つけた　おちばや　木のみで　おもちゃを　つくります。つくってみたいものに　○を　つけましょう。

❶ おちばの おめん [　　]

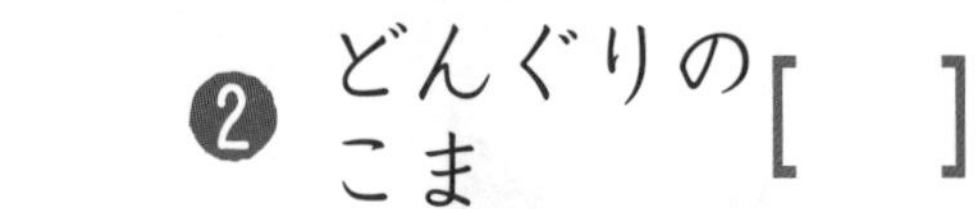
❷ どんぐりの こま [　　]

❸ どんぐりの マラカス [　　]

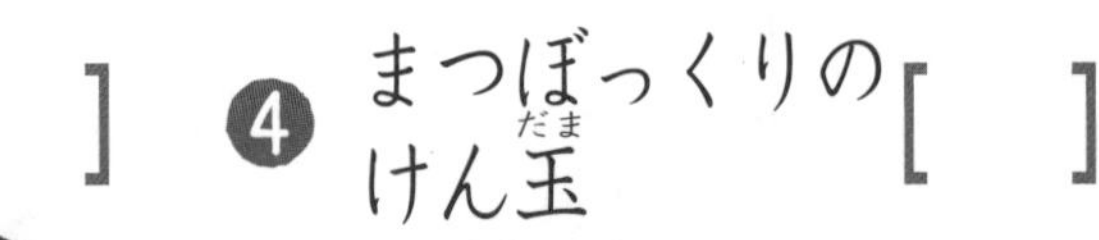
❹ まつぼっくりの けん玉 [　　]

こたえは92ページ

LESSON 45

お手つだいが　できるよ

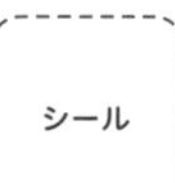

月　　日

1 いえで　して　いる　お手つだいに　○を　つけましょう。

❶ しょくじの　あとかたづけ［　　］

❷ そうじ［　　］

❸ くつを　そろえる［　　］

❹ せんたくものを　ほす［　　］

LESSON 46

むかしからの　あそび

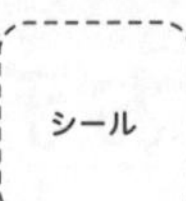

月　日

1 むかしから　ある　あそびで　した　こと が　ある　あそびに　○を　つけましょう。

❶ あやとり[　　]　❷ こままわし[　　]

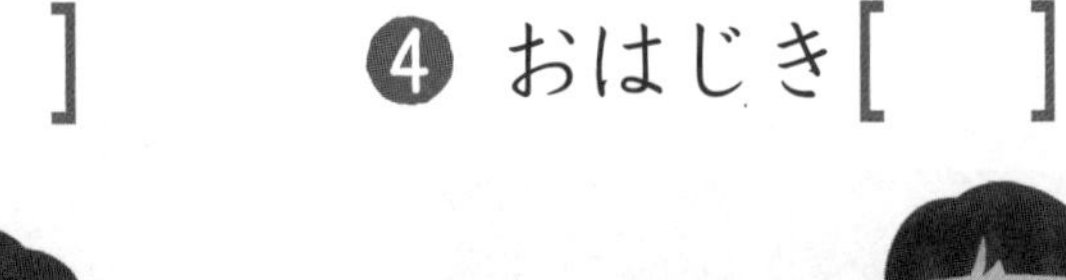

❸ けん玉(だま)[　　]　❹ おはじき[　　]

こたえは92ページ☞

LESSON 47

ふゆが　きたよ

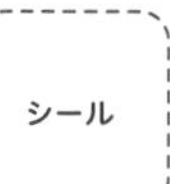

月　　日

1 ふゆに　なって　見(み)つけた　ものや　した　ことに　○を　つけましょう。

❶ オオカマキリの たまご［　　］

❷ こおり［　　］

❸ 白(しろ)い　いき［　　］

❹ おしくら まんじゅう［　　］

LESSON 48

もうすぐ　２年生（ねんせい）

シール

月　　日

1　１年生（ねんせい）に　なってから　できるように
なった　ことに　○を　つけましょう。

① かん字（じ）を かく［　　］

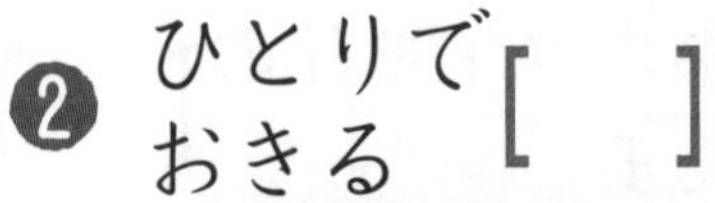

② ひとりで おきる［　　］

③ ひとりで きがえる［　　］

④ ようふくを たたむ［　　］

こたえは92ページ

LESSON 49 ひらがなを　よむ ①

シール

とくてん　　てん　（ごうかく80てん）　月　日

1 上(うえ)の　ことばと　あう　えを　――で　つなぎましょう。（100てん）一(ひと)つ20

❶ あり　●　　　● ㋐

❷ いけ　●　　　● ㋑

❸ うま　●　　　● ㋒

❹ えんとつ　●　　　● ㋓

❺ おおかみ　●　　　● ㋔

LESSON 50

ひらがなを よむ ②

とくてん　　てん／80てん（ごうかく）　　月　日　　シール

1 正(ただ)しい ほうの ことばに ○を つけましょう。（40てん）一つ20

❶
[　] おじぃさん
[　] おじいさん

❷
[　] おかあさん
[　] おかぁさん

2 上(うえ)の ことばと あう えを ——で つなぎましょう。（60てん）一つ20

❶ まち・　　・㋐
❷ でんしゃ・　　・㋑
❸ かぼちゃ・　　・㋒

LESSON 51

ひらがなを　かく ①

シール

とくてん　　月　日

てん　ごうかく80てん

1 しりとりです。□に　あう　字を　かきましょう。（100てん）一つ20

❶ たんす → □□□ → かまきり

❷ はと → □□□ → ぼうし

❸ つばめ → □□□ → ねんど

❹ かさ → □□□ → らくだ

❺ けいと → □□□ → いちご

ひらがなを　かく ②

シール

とくてん

月　日

てん　ごうかく80てん

1 つぎの　ことばを　正（ただ）しく　かきなおしましょう。（40てん）一つ20

① じてんしや

② にらめつこ

2 えを　見（み）て、□に　ことばを　かきましょう。（60てん）一つ20

① 

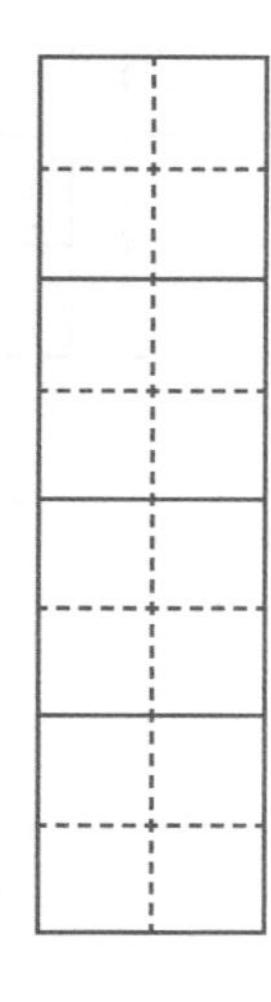

② 

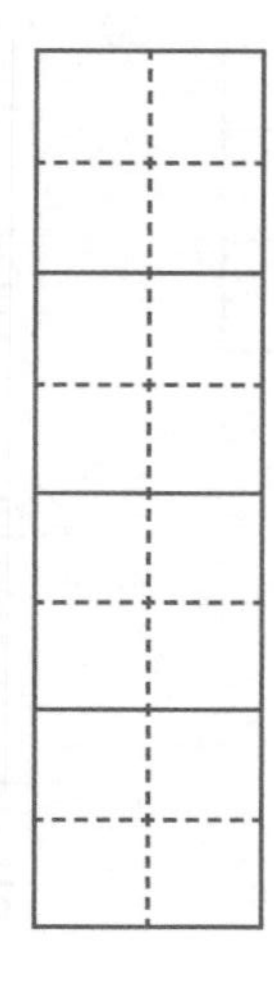

③ 

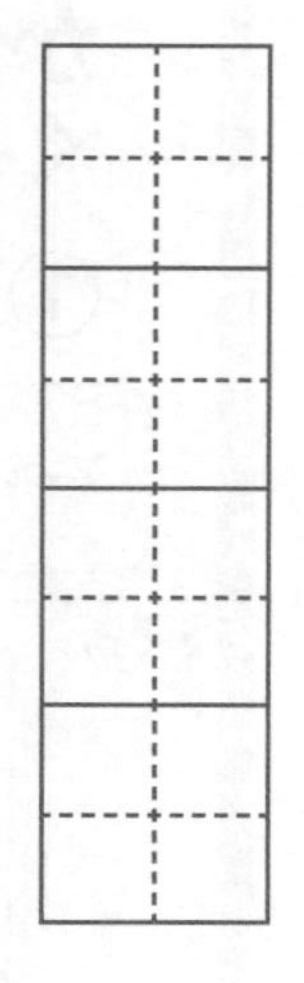

LESSON 53

ことばの　きまり ①

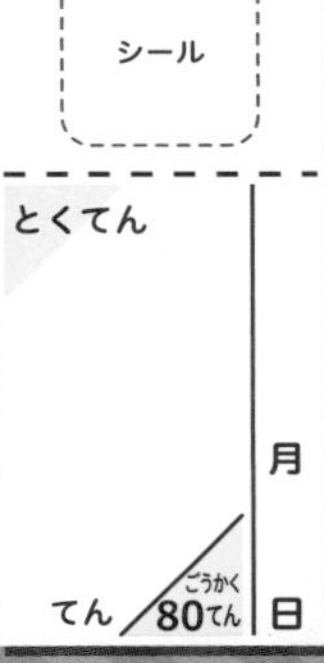

1 まちがって　いる　字(じ)に　×を　つけましょう。（60てん）一(ひと)つ20

① こうえんえ　いきます。

② はなびわ　きれいです。

③ おじぎお　します。

2 つぎの　□に、「は・へ・を」の　どれかを　かきましょう。（40てん）一つ10

① ゆうえんち□　いきます。

② ふゆ□　さむいです。

③ せみ□　とります。

④ わたし□　休(やす)みます。

LESSON 54

ことばの　きまり　②

シール

とくてん　てん　ごうかく80てん　月　日

1 かなづかいの　正(ただ)しい　ほうに　○を　つけましょう。（60てん）一(ひと)つ20

❶
［　］すこしづつ
［　］すこしずつ

❷
［　］ふくろお
［　］ふくろう

❸
［　］おねえさん
［　］おねいさん

2 まちがって　いる　字(じ)に　×を　つけ、その　右(みぎ)がわに　正しい　字を　かきましょう。（40てん）一つ20

どおろを　わたって　としょかんに　いき、

本(ほん)の　つずきを　よみます。

LESSON 55

ことばの　きまり ③

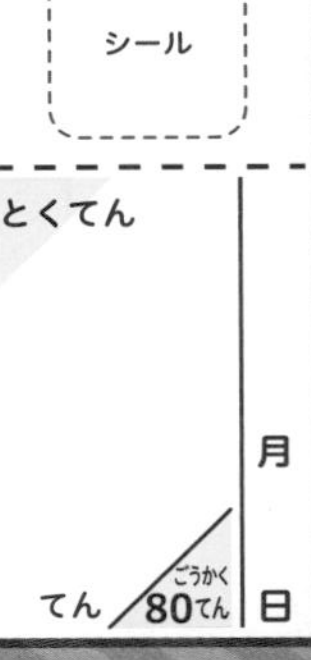

1 はんたいの　いみの　ことばを　――で　つなぎましょう。（40てん）一つ10

① はじめ　・　　　・ 小(ちい)さい

② 大(おお)きい　・　　　・ おおい

③ つよい　・　　　・ おわり

④ すくない　・　　　・ よわい

2 はんたいの　いみの　ことばを　かきましょう。（60てん）一つ20

① たかい ⟷ [　　　　]

② ながい ⟷ [　　　　]

③ はやい ⟷ [　　　　]

しを よむ ①

シール

とくてん　　　てん　ごうかく50てん　　月　　日

1 つぎの しを よんで こたえましょう。

あいうえおのうた
中川（なかがわ） ひろたか

あやとり　いすとり　あいうえお
かきのみ　くわのみ　かきくけこ
さんかく　［㋐］　さしすせそ
たこいと　つりいと　たちつてと
なのはな　ののはな　なにぬねの
［㋑］　ふゆのひ　はひふへほ
まつむし　みのむし　まみむめも
やかん　ようかん　やいゆえよ
らんらん　るんるん　らりるれろ
わくわく　わいわい　わいうえを
ん

(1) ［㋐］と［㋑］に 入（はい）る ことばを それぞれ えらび、きごうで こたえましょう。（100てん）一（ひと）つ50

㋐［　　　］　㋑［　　　］

ア はるのひ
イ わたあめ
ウ しかく

LESSON 57

つなぎことば ①

シール

とくてん　　てん　ごうかく80てん　　月　日

1 [　]に　あう　ことばを、あとから　えらんで　かきましょう。（100てん）一つ20

❶ おやつを　たべすぎました。[　　　]　おなかが　いたいです。

❷ 力（ちから）いっぱい　おしました。[　　　]　うごきません。

❸ おにごっこを　しました。[　　　]　なわとびを　しました。

❹ 雨（あめ）が　ふりました。[　　　]　しあいは　ちゅうしです。

❺ なつに　なりました。[　　　]　すずしいです。

けれども　　だから　　それから

LESSON 58 つなぎことば ②

シール

とくてん

月　日

ごうかく 80てん　てん

1 ［　］に　あう　ことばを、あとから　えらんで　かきましょう。（100てん）一つ20

❶ 雨（あめ）が　ふりそうだった［　　　］、かさを　もって　きた。

❷ よるに　なれ［　　　］、おにいさんが　かえって　くる。

❸ いま　やれ［　　　］、まにあうだろう。

❹ 字（じ）が　かける［　　　］、手（て）がみを　かく。

❺ たくさん　たべた［　　　］、まだ　おなかが　すいて　いる。

のに	ば	ので

LESSON 59

てんと まる ①

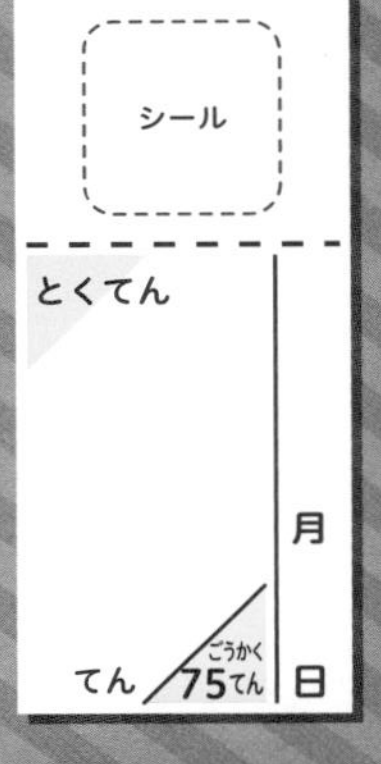

1 つぎの 文（ぶん）の □に 「、」を つけましょう。（25てん）

女（おんな）の子（こ）が □ わらう。

2 つぎの 文の □に 「。」を つけましょう。（25てん）

きつねが、はしる □

3 「、」と 「。」の つけかたが 正（ただ）しい ほうに ○を つけましょう。（50てん）一（ひと）つ25

① [　] ねこが、ねずみを おう。
[　] ねこが。ねずみを おう、

② [　] きのう。手（て）がみが とどいた、
[　] きのう、手がみが とどいた。

LESSON 60 てんと まる ②

1 「。」は、文（ぶん）の どこに つけますか。正（ただ）しい ほうに ○を つけましょう。（20てん）

［　］文の いみの きれ目（め）。
［　］文の おわり。

2 つぎの 文に 「、」と 「。」を 一（ひと）つずつ つけましょう。（80てん）一つ20

❶ わたしは 本（ほん）を よむ

❷ ぼくは ともだちと あそぶ

❸ ぼくは うたを うたう

❹ わたしは じてん車（しゃ）に のる

LESSON 61 かたかなを　よむ　①

シール

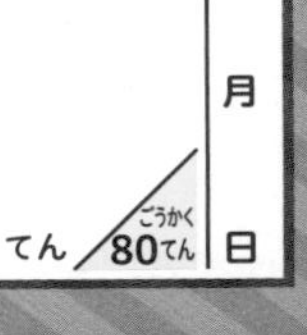

とくてん
てん　ごうかく80てん
月　日

1 上（うえ）の　ことばと　あう　えを　――で　つなぎましょう。（100てん）一（ひと）つ20

① ヘリコプター　•　　•　あ
② バ　ス　•　　•　い
③ トラック　•　　•　う
④ ロケット　•　　•　え
⑤ バイク　•　　•　お

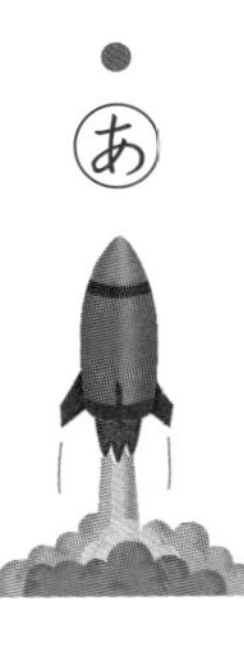

こたえは94ページ

LESSON 62 かたかなを よむ ②

シール

とくてん　てん　ごうかく80てん　月　日

1 上(うえ)の ことばと あう えを ―― で つなぎましょう。(60てん)一(ひと)つ20

① テレビ ・　　　　・ あ  

② ケーキ ・　　　　・ い  

③ パンダ ・　　　　・ う

2 えを 見(み)て、正(ただ)しい ほうの ことばに ○を つけましょう。(40てん)一つ20

① 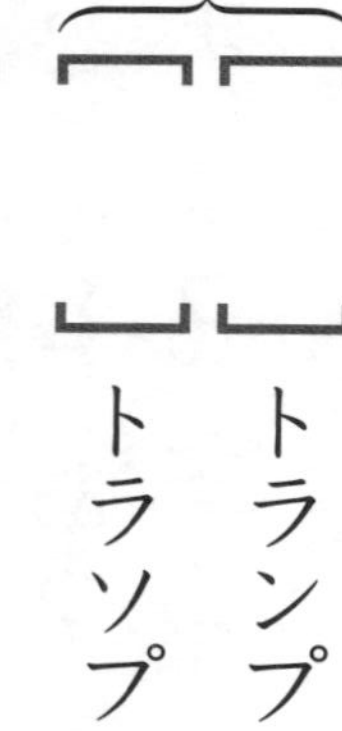

[　　] トランプ

[　　] トラソプ

②   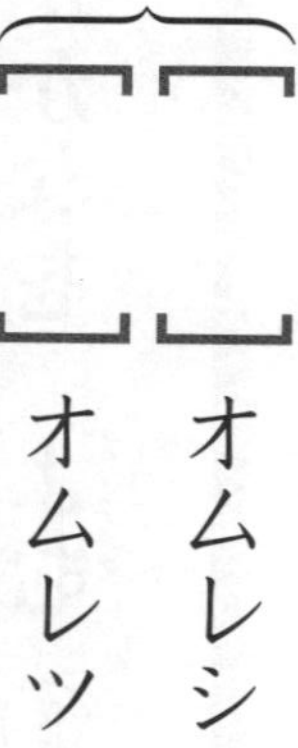

[　　] オムレシ

[　　] オムレツ

かたかなを　かく　①

1 しりとりです。□に　あう　かたかなを　かきましょう。（100てん）一つ20

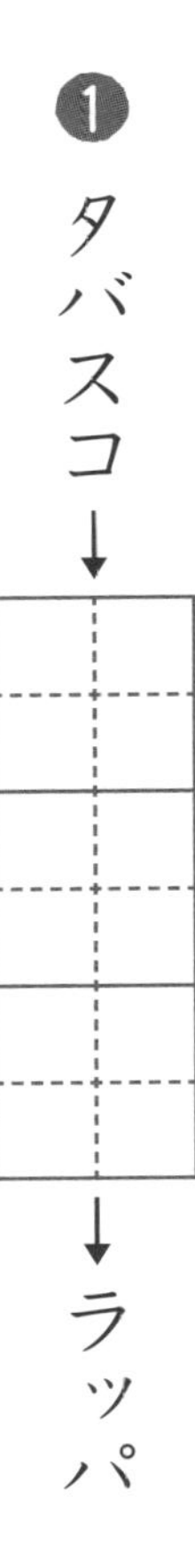

① タバスコ→□□□→ラッパ

② バナナ→□□□→フルーツ

③ パジャマ→□□□→トイレ

④ カルタ→□□□→ルビー

⑤ ピアノ→□□□→クイズ

LESSON 64

かたかなを かく ②

シール

とくてん てん ごうかく80てん 月 日

1 つぎの ことばを かたかなで かきましょう。（60てん）一つ10

❶ か ❷ し ❸ そ ❹ ん ❺ り ❻ を

2 つぎの ひらがなを かたかなで かきましょう。（40てん）一つ10

❶ がらす

❷ ぽけっと

❸ えぷろん

❹ すけえと

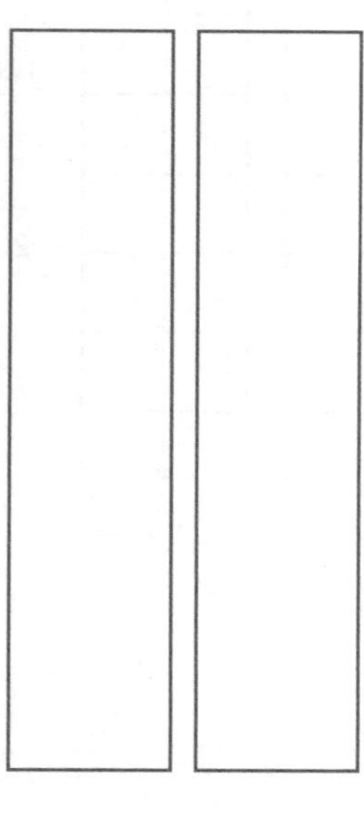

LESSON 65

文をつくる ①

月　日　とくてん　てん　ごうかく50てん

シール

1 [　]に ばんごうを 入れて 文を つくりましょう。（100てん）一つ50

❶
[1] わたしは
[　] こうえんへ
[　] ともだちと
[　] いきました。

❷
[1] ぼくは
[　] 「おむすび　ころりん」の
[　] としょかんで
[　] よみました。
[　] 本を

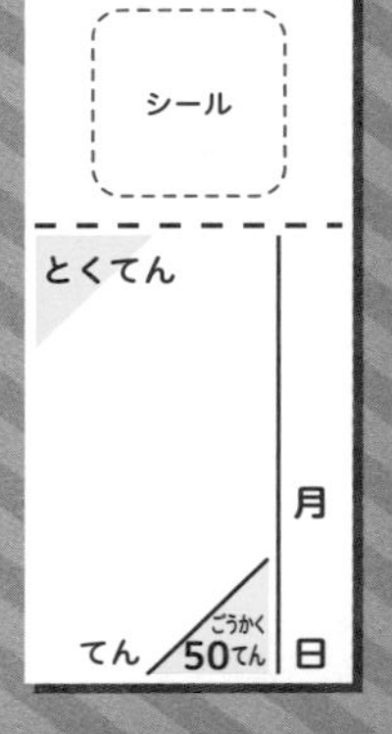

LESSON 66

文を つくる ②

シール

とくてん

月 日

てん ごうかく60てん

1 [ ]に ばんごうを 入れて、文を じゅんばんに ならべましょう。（40てん）

[ ] つぎに、かおを あらいました。

[ ] はじめに、はを みがきました。

[ ] さいごに、ようふくに きがえました。

2 [ ]に あう ことばを、あとから えらんで かきましょう。（60てん）一つ20

❶ はじめに パンやへ いきました。

[ ] やおやへ いきました。

❷ [ ] おやつを たべました。

それから しゅくだいを しました。

❸ なんども れんしゅうを しました。

[ ] できるように なりました。

つぎに　とうとう　さいしょに

LESSON 67

しを よむ ②

月　日

とくてん　　てん　ごうかく50てん

シール

1 つぎの しを よんで こたえましょう。

はしるの だいすき　　まど・みちお

はしるの だいすき
たった たった たっ
つちを けって
くさを けって
かぜを けって
たった たった たった たった
おもしろい

はしるの だいすき
たった たった たっ
あしも はしる
むねも はしる
かおも はしる
たった たった たった たった
おもしろい

(1) なにが おもしろいのですか。（50てん）

[　　　　　　　] こと。

(2) この しは どのように よむと よいですか。きごうで こたえましょう。（50てん）

ア しずかに　**イ** げん気(き)に

ウ つらそうに

[　　]

LESSON 68

しを よむ ③

シール

とくてん　月　日
てん　ごうかく 50てん

1 つぎの しを よんで こたえましょう。

ぎょうざ　　たかぎ　あきこ

みかづきがたの
ひだひだの　ふく
ぎょうれつしたまま
ピチピチ　やける
みずを　いれたら
おおさわぎ
ジャカジャカ　バリバリ
ジャカジャカ　バチバチ
だまれ　だまれ　だまれっ！
ふたを　かぶせて
おかあさんと　ぼく
かお　みあわせて　うっふっふ

(1) おおさわぎを したのは なにですか。(50てん)

[　　　　]

(2) 「だまれ　だまれ　だまれっ！」は だれと だれの ことばですか。しの 一(いち)ぎょうを かきましょう。(50てん)

[　　　　]

LESSON 69

かん字の よみかき ①

シール

とくてん　月　日　てん　ごうかく75てん

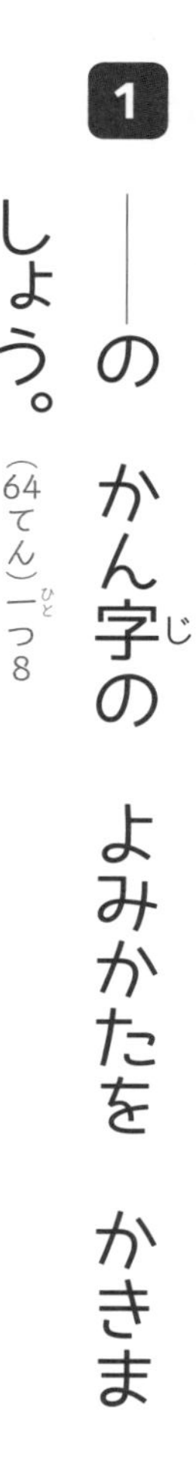

1 ――の かん字の よみかたを かきましょう。（64てん）一つ8

① 十と 百。 [　　][　　]

② 目と 耳。 [　　][　　]

③ 赤と 青。 [　　][　　]

④ 手と 足。 [　　][　　]

2 □に かん字を かきましょう。（36てん）一つ9

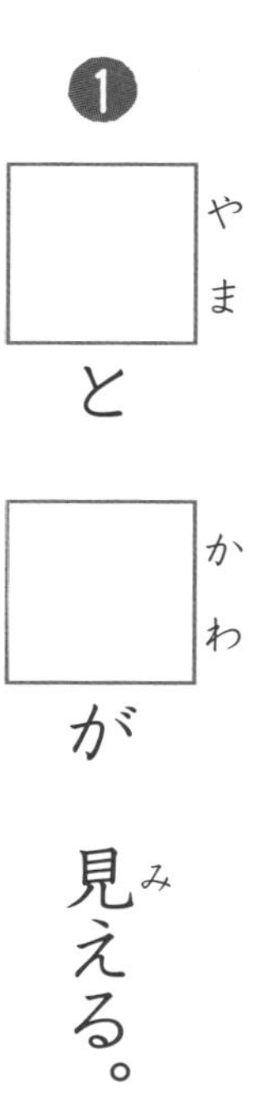

① □（やま）と □（かわ）が 見（み）える。

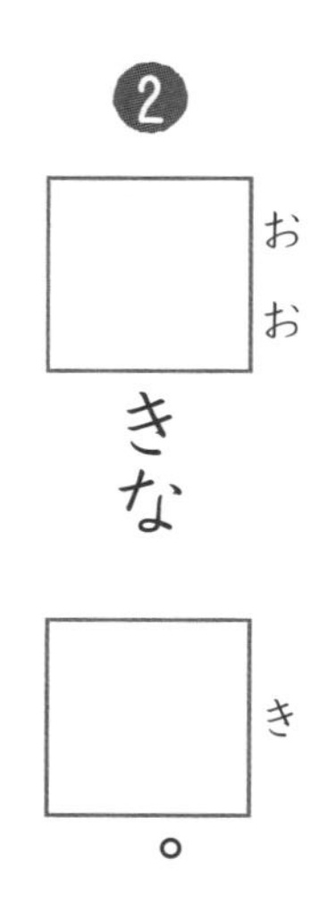

② □（おお）きな □（き）。

LESSON 70

かん字のよみかき ②

シール

とくてん

月　日

てん / ごうかく 80てん

1 つぎの ―― の ことばを、かん字と ひらがなで かきましょう。（100てん）一つ20

❶ おおきい はこ。

❷ ちいさい ねこ。

❸ かおを あげる。

❹ おんどを さげる。

❺ きょうしつに はいる。

LESSON 71 かたかなの ことば ①

シール

とくてん　　てん（ごうかく80てん）　月　日

1 かたかなで　かく　ことばの　ほうに　○を　つけましょう。（60てん）一つ20

① [　] ぴあの　[　] たいこ

② [　] おにぎり　[　] さらだ

③ [　] ぺんぎん　[　] ねこ

2 つぎの　ことばを、かたかなで　かきましょう。（40てん）一つ20

① じゅうす

② ぼうるぺん

LESSON 72

かたかなの ことば ②

シール

とくてん　　てん　ごうかく 80てん　月　日

1 つぎの 文(ぶん)の 中(なか)から、かたかなで かく ことばを 見(み)つけて、[　]に かたかなで かきましょう。（100てん）一(ひと)つ20

❶ ふらいぱんで たまごを やく。
[　　　　　　　]

❷ こくばんに ちょうくで かく。
[　　　　　　　]

❸ にんじんと きゃべつを かう。
[　　　　　　　]

❹ ゆうはんに はんばあぐを たべる。
[　　　　　　　]

❺ あかい へるめっとを かぶる。
[　　　　　　　]

こたえは5ページ

LESSON 73

文(ぶん)しょうを　よむ　①

シール

とくてん　　てん　ごうかく70てん　　月　日

1 つぎの　文(ぶん)しょうを　よんで　こたえましょう。

　おとうとと　おつかいに　いった　とき、あまった　お金(かね)で　アイスを　かいました。
　こうえんで　あそんで　いたら、とけてしまいました。いえに　かえって　れいとうこで　ひやしたら、また　かたまりました。

(1) いつの　できごとですか。(30てん)

[　　　　　　　　]

(2) だれと　いっしょでしたか。(30てん)

[　　　　　　　　]

(3) アイスを　れいとうこで　ひやしたら、どう　なりましたか。きごうで　こたえましょう。(40てん)

[　　]

ア とけて　しまった。

イ また　かたまった。

LESSON 74

文しょうを　よむ　②

シール

とくてん　　てん　ごうかく60てん　月　日

1　つぎの　文しょうを　よんで　こたえましょう。

あきこちゃんは　小学一年生です。おとなしいせいかくなので　学校では　あまり　目立ちません。□、おうちに　かえると、とても　おしゃべりで、げんきいっぱいです。おりょうりも　とくいで　おかあさんの　お手つだいも　たくさん　して　います。わたしも　大きく　なったら　おかあさんみたいにおいしい　ごはんを　たくさん　つくりたいな。かぞくや　おともだちに　たべさせて　あげたいなあ。とあきこちゃんは　おもって　います。

(1) あきこちゃんが　おもって　いる　ことが　かいて　ある　ところに、せんを　ひきましょう。（60てん）

(2) □に　あてはまる　ことばを　えらび、きごうで　こたえましょう。（40てん）　[　　]

ア　そして　　**イ**　けれども　　**ウ**　だから

LESSON 75

かん字の　よみかき ③

シール

とくてん　　てん　ごうかく80てん　月　日

1 つぎの　かん字の　正しい　よみかたに　○を　つけましょう。（40てん）一つ20

① 八日　[　] ようか　[　] よおか

② 六日　[　] むつか　[　] むいか

2 つぎの　――の　かん字の　よみかたを　かきましょう。（60てん）一つ10

① 一月一日　[　　]

② 四月四日　[　　]

③ 五月五日　[　　]

④ 七月七日　[　　]

⑤ 九月九日　[　　]

⑥ 十月十日　[　　]

LESSON 76

かん字のよみかき ④

シール

とくてん　　てん　ごうかく80てん

月　日

1 つぎの□に かん字を かきましょう。（100てん）一つ10

❶ □（みぎ）と □（ひだり）を 見る。

❷ □（おんな）の子と □（おとこ）の子。

❸ きょうの □（てん）気は □（あめ）だ。

❹ □（うえ）と □（した）。

❺ □（だい）・中・□（しょう）の はこ。

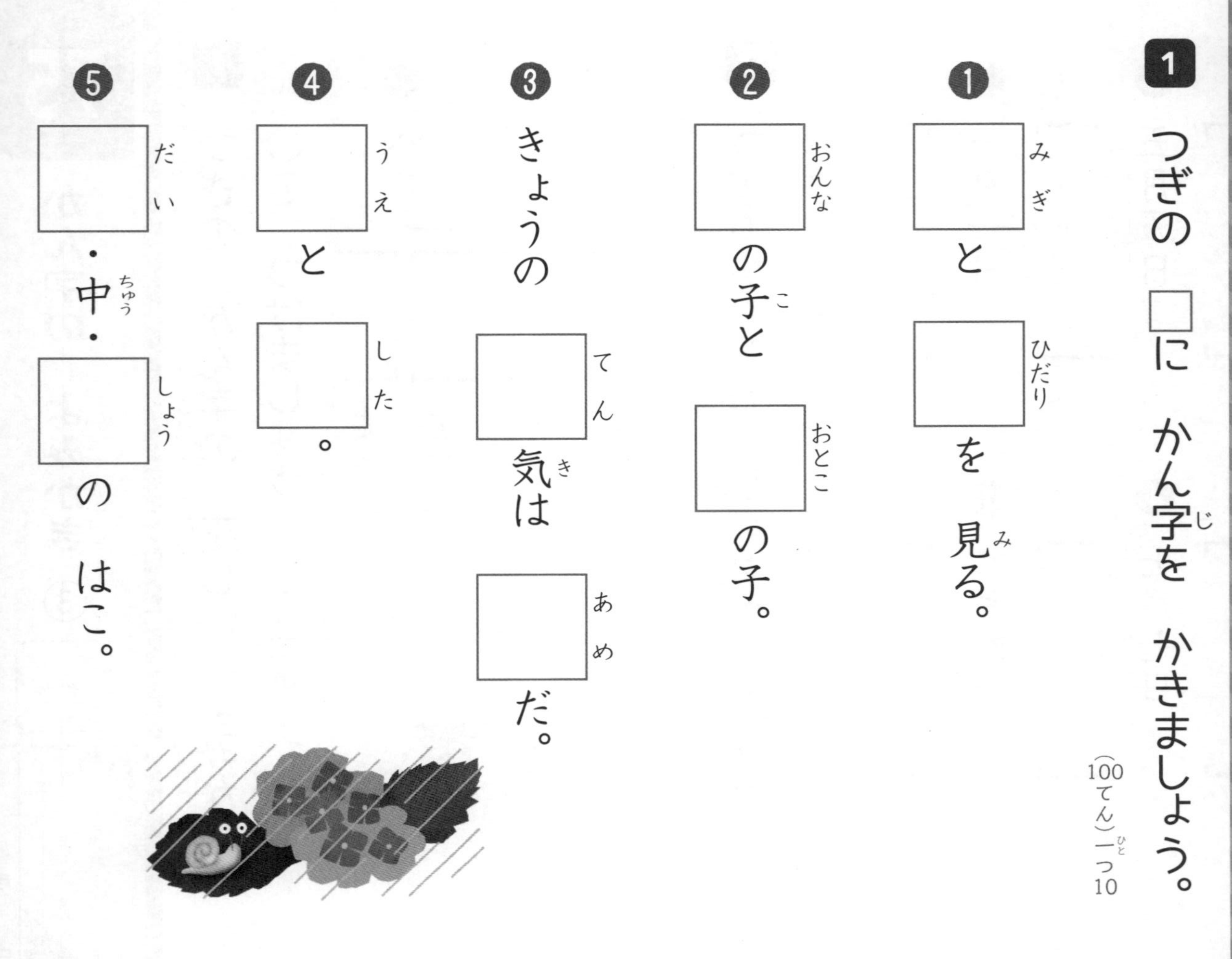

LESSON 77

文しょうを よむ ③

シール

とくてん　　てん　ごうかく60てん　月　日

1 つぎの 文しょうを よんで こたえましょう。

おさむくんは、かぶと虫の 本を まい日 よみます。かぶと虫は つのが かっこよくて、ずっと 見て いても あきません。
「ぼくも、じぶんで つかまえて みたいなあ。」
おさむくんは かんがえました。
「かぶと虫は、なつの よる、木の みつを たべに くる。よるは そとに いけないし、いまは ふゆだ。そうだ、よう虫なら、土の 中に いるはずだ。」
おさむくんは、そっと 土を ほって よう虫を さがして みました。

(1) おさむくんが して みたい ことは なんですか。（60てん）

[　　　　　]

(2) おさむくんは、よう虫を さがす とき、土を どのように ほりましたか。（40てん）

[　　　　　]

LESSON 78

文しょうを よむ ④

シール

とくてん　　てん　ごうかく 50てん　　月　　日

1 つぎの 文しょうを よんで こたえましょう。（100てん）一つ50

あらら。白い ゆきの 上に、花が さいたように、クッキーや あめが とびちって います。小さい 女の 子が ころんだのでしょうか、からに なったビニールぶくろを さげて、はんべそを かいて います。
「ひろえば、どうって こと ないよ。」
なおこちゃんが、おねえさんごえで いって、さっさと ひろいだしました。
「そうよ。この おかし、ぜんぶ セロハンづつみだから よかったね。」（あまんきみこ「わすれんぼ一年生」）

(1) ゆきの 上に なにが おちて いましたか。

［　　　　］や［　　　　］が おちて いた。

(2) 「よかったね」と いったのは なぜですか。きごうで こたえましょう。

ア おかしが よごれないから。
イ おかしが おちたから。
ウ おかしが おいしいから。

［　　］

LESSON 79

かん字(じ)の　よみかき ⑤

シール

とくてん　　月　日

てん　ごうかく80てん

1　つぎの　□に　かん字(じ)を　かきましょう。

（100てん）一(ひと)つ10

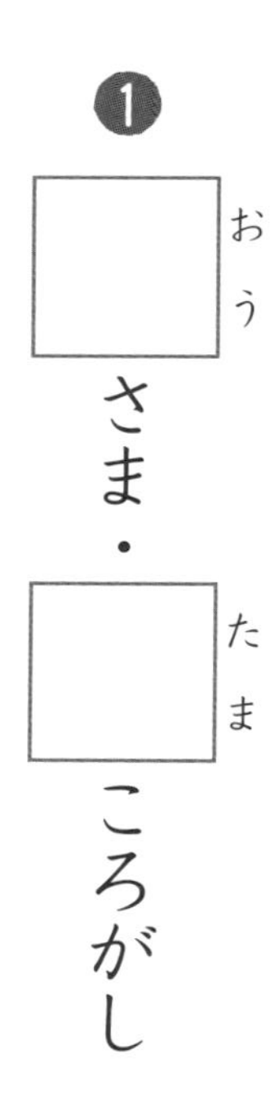

① □(おう)さま・□(たま)ころがし

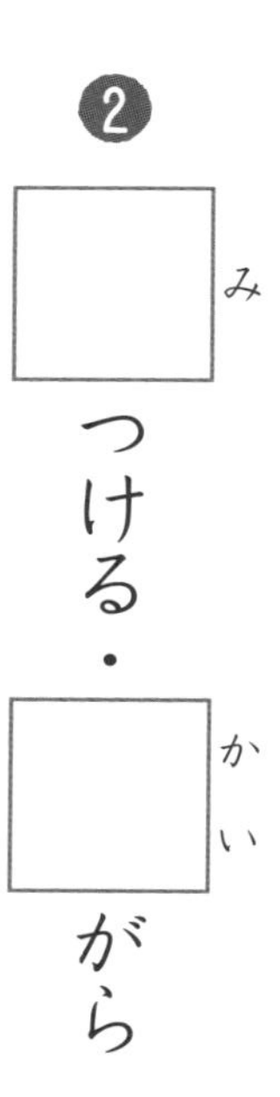

② □(み)つける・□(かい)がら

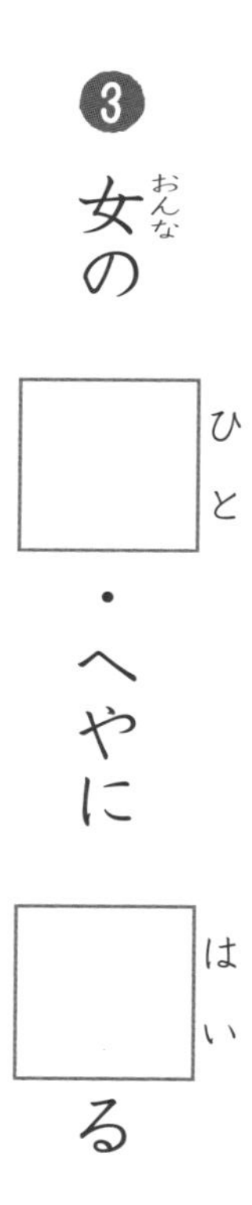

③ 女(おんな)の　□(ひと)・へやに　□(はい)る

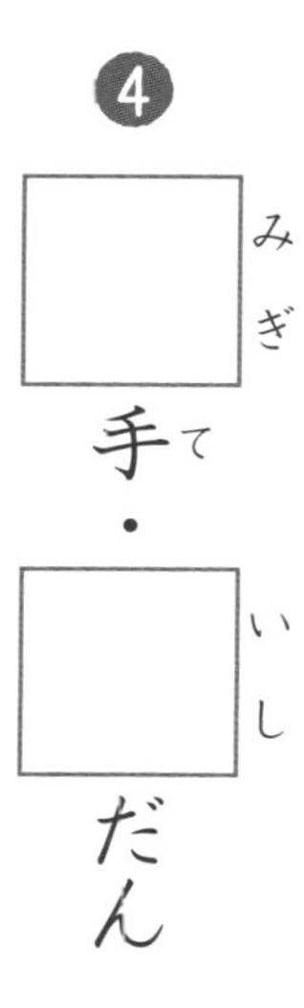

④ □(みぎ)手(て)・□(いし)だん

⑤ やねの　□(うえ)・□(つち)の　中(なか)

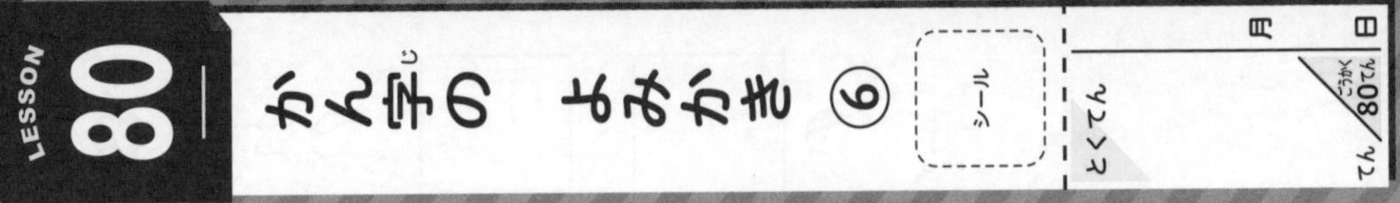

LESSON 80 かん字(じ)の よみかき ⑥

シール

とくてん　　てん　ごうかく80てん

月　日

1 つぎの ――の ことばを、かん字(じ)と ひらがなで かきましょう。(一(ひと)つ20てん)

❶ ちいさい いもうと。 [　　　]

❷ かぜで 学校(がっこう)を やすむ。 [　　　]

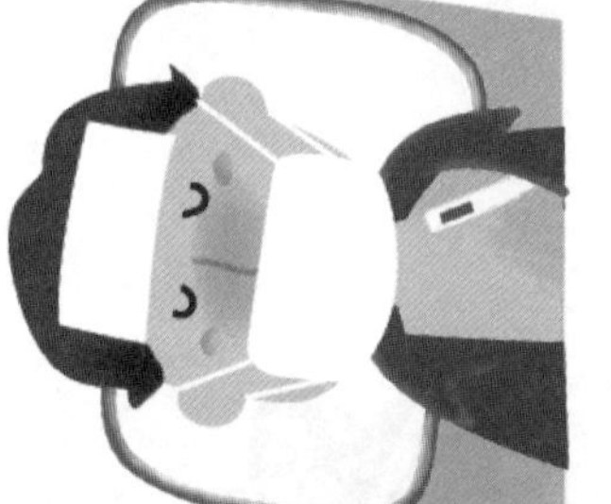

❸ あさ はやく おきる。 [　　　]

❹ ただしい しせい。 [　　　]

❺ あたらしい 町(まち)が うまれる。 [　　　]

LESSON 81

文(ぶん)を　つくる　③

シール

とくてん　　てん　ごうかく75てん　月　日

1 つぎの　[　]に　あう　ことばを、あとから　えらんで　かきましょう。（100てん）一(ひと)つ25

❶ 「[　　　]　しごとを　して　いますか。」
「にもつを　はこぶ　しごとを　して　います。」

❷ 「この　本(ほん)は、[　　　]で　かいましたか。」
「えきまえの　本やで　かいました。」

❸ 「[　　　]が　あなたの　かばんですか。」
「その　くろい　かばんが、ぼくの　かばんです。」

❹ 「[　　　]　赤(あか)いろを　えらんだのですか。」
「赤いろが　すきだからです。」

どんな　どうして　どれ　どこ

LESSON 82

文(ぶん)を つくる ④

シール

とくてん　　てん　ごうかく75てん　　月　日

1 つぎの [ ]に あう ことばを、あと から えらんで かきましょう。（100てん）一(ひと)つ25

❶ くらく なって きたので、[　　　] うちに かえろう。

❷ さか上(あ)がりの れんしゅうを したので すが、[　　　] うまく できません。

❸ 小(ちい)さな こえで [　　　] とはなしを する。

❹ いっしょうけんめい れんしゅうしたら、[　　　] なわとびが とべるように なりました。

なかなか　そろそろ
とうとう　ひそひそ

文(ぶん)しょうを よむ ⑤

シール

とくてん

月 日

てん ごうかく70てん

1 つぎの 文(ぶん)しょうを よんで こたえましょう。

ふゆに なったら、ゆき山(やま)に いきます。
しゅんくんが、
「スキーを したり ゆきなげを したり するのが、たのしみだね。」
と いいました。ぼくは、ゆきだるまを つくるのが たのしみだなと おもいました。

(1) 「ぼく」は、ふゆに なったら どこに いきますか。(30てん)

[　　　　　　　　]

(2) ——は、だれが いった ことばですか。(30てん)

[　　　　　　　　]

(3) ——の ことばを きいて、「ぼく」が おもった ことを かきましょう。(40てん)

[　　　　　　　　] と おもった。

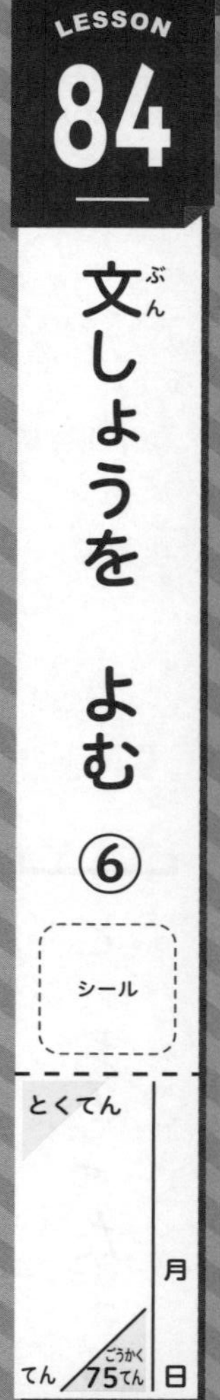

1 つぎの 文しょうを よんで こたえましょう。

> きのう、学校の うら山へ、生きものかんさつに いきました。
> おちばの うらに、てんとう虫が 十ぴきぐらい あつまって いました。
> てんとう虫を そっと つついて みました。
> ［　　］、てんとう虫は、じっと したままでした。

(1) ①いつ、②どこへ、生きものかんさつに いきましたか。（50てん）一つ25

①［　　　　］　②［　　　　］へ

(2) てんとう虫が、どこに あつまって いるのを 見つけましたか。（25てん）

［　　　　　　　］

(3) ［　　］に あてはまる ことばを えらび、きごうで こたえましょう。（25てん）［　　］

ア しかし　　イ だから

こたえ
全科1年

さんすう

① 5までの　かず ①　1ページ

1 ❶●●●○○　3
❷●●●●○　4
❸●●○○○　2
❹●●●●●　5

アドバイス 絵の上に，おはじきやブロックなどを置いて，数を確かめると答えがわかりやすくなります。

② 5までの　かず ②　2ページ

1 ❶（れい）

❷（れい）

2 ❶5　❷1　❸4　❹2
❺2　❻3

アドバイス 色の違うおはじきやブロックを使って，同じ色をまとめるように並べかえてみると，数がわかりやすくなります。

③ 10までの　かず ①　3ページ

1 ❶●●●●●　8
●●●○○
❷●●●●●　7
●●○○○
❸●●●●●　9
●●●●○
❹●●●●●　10
●●●●●

アドバイス ○に色をぬるときに，上段の5つをぬったあと下段の端から順にぬることで，整理して数えたり，5といくつという見方をしたりすることができるようになります。

④ 10までの　かず ②　4ページ

1

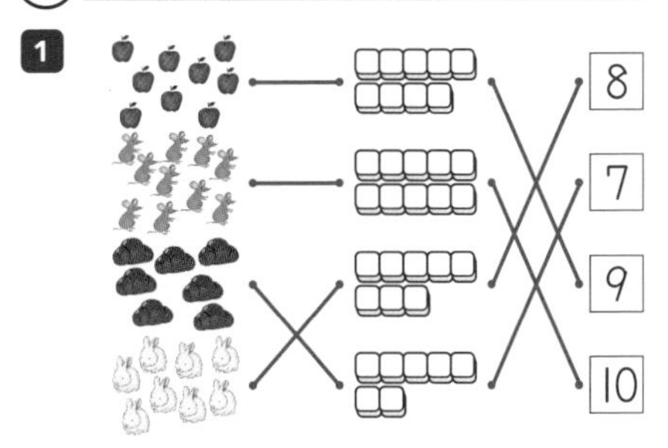

アドバイス 端から順に5つ数えて，5つを線で囲むと，5といくつになっているかがわかりやすくなり，ブロックの図と対応させやすくなります。

2 ❶3　❷0

アドバイス 入れ物があって，その中に何もないときに，ものの個数は0だということを理解させることが大切です。

⑤ なんばんめ ①　5ページ

1 ❶3　❷4　❸5　❹2

アドバイス 何番目かを求めるときは，どこを基準にしているか（前から，後ろから）を見落とさないようにさせましょう。

⑥ なんばんめ ②　6ページ

1 ❶ ❷ ❸ ❹

アドバイス 「右(左)から何番目」というときは１つしか指しませんが，「**右(左)からいくつ**」というときは複数個を指すということを，理解させましょう。

⑦ いくつと　いくつ ①　7ページ

1

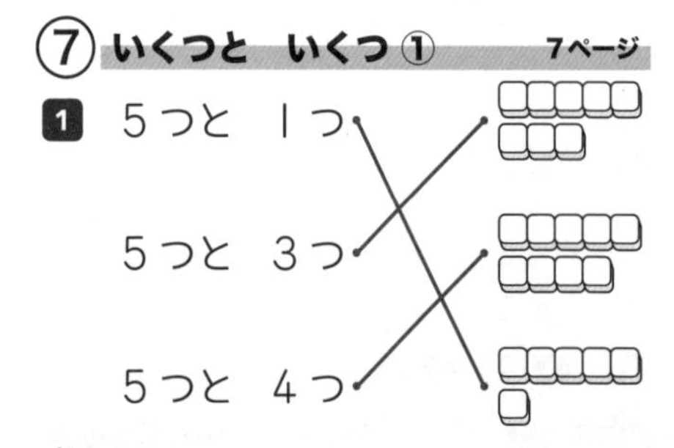

アドバイス ブロックを見ると，上の段が５つのかたまりになっているので，下の段を**あといくつ**の部分に対応させるようにすると，わかりやすくなります。

2 ❶（ひだりから）2，7

❷（ひだりから）5，10

アドバイス **たし算**の基礎となる見方なので，正しく理解させることが大切です。

⑧ いくつと　いくつ ②　8ページ

1 ❶１　❷２　❸４　❹７

アドバイス 10の**合成・分解**は，くり上がりのあるたし算や，くり下がりのあるひき算の基礎となり，とても大切です。10に対する**補数**を瞬時に正しく言えるようにしておきましょう。
また，図を見て，左が１減ると右が１増えるといった**関数的な見方**の素地となる経験もさせるとよいでしょう。

2 ❶５　❷３　❸４

アドバイス **数の合成・分解**，とりわけ，ある数の**補数**を考えることは計算の基礎となるので，おはじきを使ったり，くり返し声を出すことで正しく身につけさせることが大切です。

⑨ あわせて　いくつ　9ページ

1 ❶３　❷９　❸８　❹10

アドバイス 計算を正しくするために，ブロックなどを実際に動かし，たし算の意味を理解させましょう。

2 4+3=7　　7こ

3 7+1=8　　8さつ

⑩ ふえると　いくつ　10ページ

1

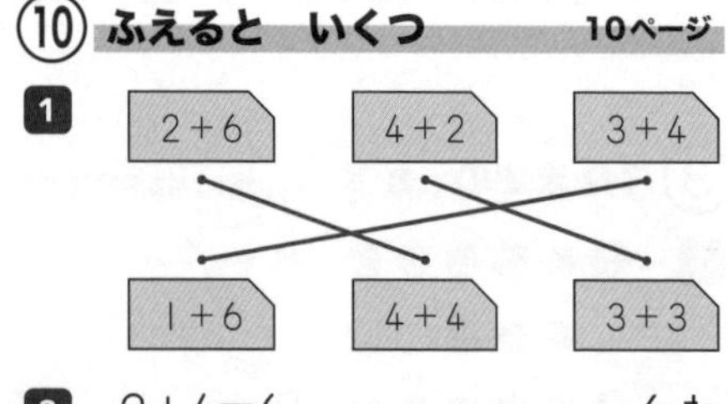

2 2+4=6　　6わ

3 4+6=10　　10にん

⑪ のこりは　いくつ　11ページ

1 ❶4　❷1　❸6　❹2

アドバイス 例えば7−3では，7が3といくつに分かれるかといった，**数の分解**（いくつといくつ）の学習を活用させることが大切です。

2 5−1=4　4こ

3 9−4=5　5わ

⑫ ちがいは　いくつ　12ページ

1 ❶6　❷7　❸4　❹5

アドバイス 10からひくひき算は，**10の分解**を活用させるようにしましょう。

2 7−4=3

しろい　はなが　3ぼん　おおい。

3 6−2=4　4ひき

⑬ かたち ①　13ページ

1

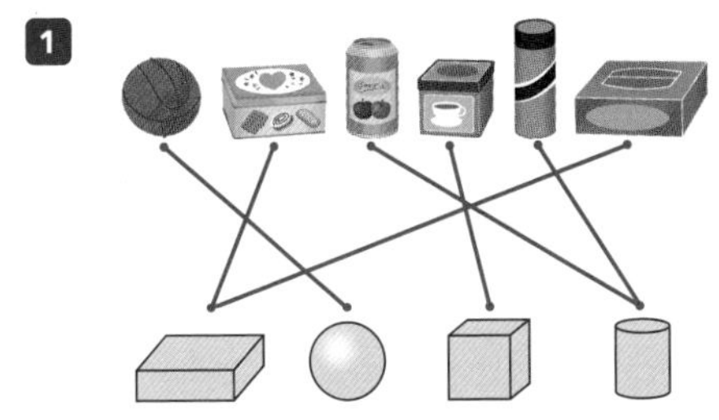

アドバイス **似ている形を選ぶ**ときは，色やもよう，大きさなどを除いて，形の特徴に目を向けさせることが大切です。

2 (○)(○)(×)(○)

アドバイス 積み重ねるためには，**平らな部分が必要**だということに気づかせるようにさせましょう。

⑭ かたち ②　14ページ

1 ❶(×)(○)(×)(×)

❷(○)(×)(○)(×)

アドバイス 積み木の面の形を紙の上に写し取った形を考えさせましょう。

2 (1)りんご　(2)レモン（れもん）

⑮ 0の　けいさん　15ページ

1 ❶4　❷9　❸6　❹8

❺3　❻2　❼0　❽0

2 5−5=0　0こ

アドバイス 答えが0ことというのは，残りがひとつもないということを理解させるようにしましょう。

⑯ ながさくらべ　16ページ

1 ❶うえに　○　❷したに　○

アドバイス ❶は左端をそろえているから，❷は**車両の数**が下のほうが多いからなど，なぜ長いとわかるのかという理由を考えさせることが大切です。

2 (1)4まいぶん

(2)あ，1

アドバイス 長さ比べをするとき，一方の端をそろえられない場合は，基準となるもの**(任意単位)**がいくつ分あるかで比べられること，また，どれだけ長いかもわかることに気づかせるようにしましょう。

⑰ ひろさくらべ　17ページ

1 ❶みぎに　○

❷ひだりに　○

アドバイス ❶は上端がそろっているから，

❷は□の数が多いからなど，なぜ広いとわかるのかという理由を考えさせましょう。

2 （1）8つ （2）ゆう，2

アドバイス 広さ比べをするときも，一方の端をそろえられない場合は，基準となるもの（**任意単位**）がいくつ分あるかで比べられることと，どれだけ広いかもわかることに気づかせるようにしましょう。

⑱ かさくらべ 18ページ

1 ❶ひだりに ○
❷ひだりに ○

アドバイス 入れ物の高さだけでなく，底面の広さも考えさせましょう。

2 （1）1 （2）Ⓘ

アドバイス (1)㋒がコップ3杯分，㋐がコップ2杯分と数えさせ，3−2=1の計算を考えさせます。

⑲ 20までの かず ① 19ページ

1 ❶15 ❷14 ❸13 ❹18

アドバイス 絵を見て，「10**といくつ**だから答えは○個」というように，正しく言えるようにすることが大切です。

2 ❶17 ❷10

⑳ 20までの かず ② 20ページ

1 ❶（左（ひだり）から）18，20
❷（左から）10，16
❸（左から）20，16

アドバイス ❸は最初の□を次の19だけ見て，18とする誤答があります。□に数を入れたあと，再度，全体の**数の並び方**を見て，確かめさせましょう。

2 ❶左に ○ ❷右（みぎ）に ○

3 ❶8 ❷9

㉑ なんじ なんじはん 21ページ

1 ❶3じ ❷6じはん
❸11じはん ❹8じ

アドバイス ❷❸は**短針**をはさんでいる2つの数の小さい方の数を読めばいいことを理解させましょう。また，半は30分ともいいます。

2 ❶  ❷ 

㉒ 3つの かずの けいさん 22ページ

1 ❶9 ❷8 ❸6 ❹1
❺5 ❻1

2 5+3−2=6 6人（にん）

アドバイス 3つの数の計算は，**左から順に**計算していくようにさせましょう。

㉓ たしざん ① 23ページ

1 ❶13 ❷11 ❸18 ❹16
❺14 ❻15 ❼12 ❽15
❾16 ❿13

アドバイス **くり上がりのあるたし算**は，10に近いほうの数で10をつくり，10と残りでいくつになるかと計算します。例えば，9+4なら「4を1と3に分け，9と1で10。10と残りの3を合わせて13」とします。

2 8+5=13 13まい

㉔ たしざん ② 24ページ

1 ❶ 12 ❷ 14 ❸ 12 ❹ 13
❺ 17 ❻ 11 ❼ 11 ❽ 16
❾ 11 ❿ 14

2 3+9=12 12人（にん）

アドバイス たす数のほうがたされる数より大きい計算も，正しくできるようにさせましょう。

㉕ ひきざん ① 25ページ

1 ❶ 5 ❷ 6 ❸ 8 ❹ 8 ❺ 5
❻ 8 ❼ 3 ❽ 6 ❾ 3 ❿ 6

2 14−8=6 6人（にん）

アドバイス **くり下がりのあるひき算**のしかたは，10からひく数をひいて残りと一の位の数をたす方法（**減加法**）と一の位からまずひいて，たりない数をさらに10からひく方法（**減々法**）があります。ひく数が10に近い数のときは，**減加法**のほうが計算しやすいでしょう。

㉖ ひきざん ② 26ページ

1 ❶ 9 ❷ 9 ❸ 9 ❹ 8

アドバイス これらの計算のように，ひかれる数の一の位とひく数が近い場合は，**減々法**のほうが計算しやすいでしょう。12−3なら，ひく数の3を2と1に分解して，まず12から2をひいて10，さらに10から残りの1をひきます。しかし，10の分解を活かして，**減加法**で計算してもかまいません。

2 13−4=9 9こ

3 11−7=4
青（あお）い いろがみが 4まい おおい。

㉗ 20より 大きい かず ① 27ページ

1 ❶ 37 ❷ 64

2 ❶ 48 ❷ 9

3 ❶ 左（ひだり）に ○ ❷ 右（みぎ）に ○
❸ 左に ○

㉘ 20より 大きい かず ② 28ページ

1 ❶（左（ひだり）から）97，100
❷（左から）70，72
❸（左から）80，90
❹（左から）100，94

アドバイス まず，連続している数を見て，**いくつずつ増えている（減っている）**かを考えるようにします。

2 ❶ 92 ❷ 97

㉙ せいりの しかた 29ページ

1 (1)（●のかずは左（ひだり）から）3,5,2
(2)なす (3)トマト

アドバイス 混ざり合っているものの数を比較するときには，表に整理すると比較しやすくなることに気づかせましょう。

㉚ かたちづくり 30ページ

1 ㋐，㋒に ○

2 ❶ 4まい ❷ 6まい
❸ 4まい

アドバイス どのように並べているかをイメージできるようにすることが大切です。角の形や辺の長さを比べるなどして，**予想して線をひく**とよいでしょう。また，実際の色板で確かめさせましょう。

3 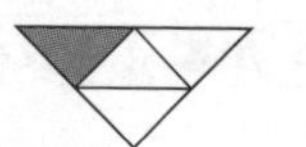 → 

アドバイス **動いた部分**に目を向けるだけでなく，**動いていない部分**に目を向けることも必要です。形が変わっていないところに色をぬってみて，ぬらなかった部分が動かした色板になります。

㉛ たしざんと ひきざん ① 31ページ

1 あわせて いくつ 16

ちがいは いくつ 2

アドバイス 「**あわせて**」は**たし算**，「**ちがいは**」は**ひき算**で求めることができることを理解させましょう。

2 15−6=9 9 まい

アドバイス 大きい数から小さい数をひくことを，ブロックなどを並べ，**1 対 1 の対応**をさせながら理解させるようにしましょう。

㉜ たしざんと ひきざん ② 32ページ

1 8+4=12 12 本(ほん)

アドバイス 問題文から**簡単な図**に表すと，求める部分がわかってきます。

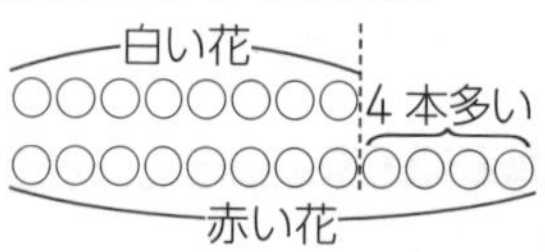

2 13−6=7 7 人(にん)

アドバイス 「なんばんめ」に関する問題は，絵などをかいて場面をつかむようにすると，わかりやすくなります。

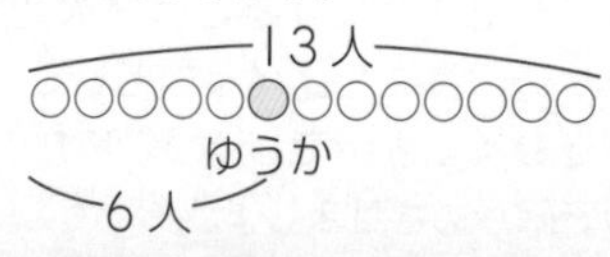

㉝ たしざん ③ 33ページ

1 ❶ 50 ❷ 100 ❸ 80
❹ 90 ❺ 60 ❻ 90 ❼ 56
❽ 83 ❾ 96 ❿ 69

2 30+40=70 70 こ

㉞ ひきざん ③ 34ページ

1 ❶ 20 ❷ 50 ❸ 30 ❹ 80
❺ 10 ❻ 20 ❼ 30 ❽ 20
❾ 64 ❿ 94

2 60−40=20 20 本(ぽん)

㉟ なんじなんぷん 35ページ

1 ❶ 1 じ 25 ふん
❷ 10 じ 7 ふん
❸ 5 じ 48 ふん
❹ 7 じ 33 ぷん

アドバイス 時計は，**長針**が 1 回りする間に，**短針**がどのような動きをするかを，正しくとらえさせることが大切です。

2 ❶  ❷ 

㊱ 100 より 大きい かず 36ページ

1 ❶ 103 ❷ 118

アドバイス ❶ は，数の線を使って，100 より 3 つ右に進んだ数を見つけさせるようにします。

2 ❶（左(ひだり)から） 100，102
❷（左から） 105，120

3 ❶ 右(みぎ)に ○ ❷ 左に ○

せいかつ

▶**指導されるかたがたへ**――生活科は，子どもたちの活動や体験をなによりも重視しています。地域や学校によって活動や体験が異なることがありますので，この「せいかつ」では配点を示さず，答えを省略しています。子どもたちの個々の実態に合わせてご指導いただきますようお願いします。ご指導に役立つよう「**アドバイス**」をつけましたので，ご参照ください。また，はじめは体験したことがなかったことでも，のちに経験することがたくさんあります。ときには前のページに戻って，再度子どもたちにたずねてみてください。子どもたちの成長が感じられることと思います。

㊲ がっこうたんけん ① 37ページ

1 （省略）

アドバイス ○をつけた部屋について，**どのようなようすだったか，何をする場所か**を聞いてあげましょう。また，部屋に置いてあったものも聞いてみてください。子どもが何に興味を持っているかを知ることができます。

㊳ がっこうたんけん ② 38ページ

1 （省略）

アドバイス ○をつけた場所について，**どのような点が好きなのか**をくわしく聞いてあげましょう。ともだちのようすも聞き，周囲へ関心を持たせるようにしましょう。

㊴ がっこうの まわりを あるこう 39ページ

1 （省略）

アドバイス ❶～❹の絵が何を示しているか，たずねてみましょう。何を見つけたかによって，子どもの興味・関心がどこにあるかを知ることができます。○をつけたものについて，**見つけたときのようすやどのように思ったか**を聞いてあげましょう。見つけたものがほかにもあれば，くわしく聞いてあげましょう。また，子どもといっしょに通学路などを歩いて，話し合いをするとよいでしょう。

㊵ はなを　そだてよう 40ページ

1 （省略）

アドバイス 学校によって育てる花や育て方が違いますが，その花を育てるのに必要なことに○がついていればよいでしょう。**なぜその世話が必要なのか**説明してあげましょう。また，世話を続けることで，花がどのように育っているのかにも関心を持たせましょう。さまざまな形の種や球根，花を見せて，植物への興味・関心を持たせるのもよいでしょう。

㊶ なつが　きたよ 41ページ

1 （省略）

アドバイス ○をつけた遊びについて，**遊び方や気をつけたこと，遊んだときの感想など**，くわしく聞いてあげましょう。ほかにもした**夏の遊びの経験を聞き，そのころの天気や服装の話**をすることで，季節に関心を持たせるようにしましょう。また，ほかの季節との違いも聞いてみるとよいでしょう。

㊷ どんな いきものが いるかな　42ページ

1 （省略）

アドバイス 身の回りに，どんな生き物がいるか関心を持たせるようにしましょう。○をつけた生き物について，生き物のようすやかかわり方を聞いてあげましょう。また，**育てるうえでの注意点などを説明し，命の大切さ**を教えてあげましょう。

㊸ あきが　きたよ　43ページ

1 （省略）

アドバイス ○をつけたものについて，見つけた場所や色をくわしく聞いてあげましょう。**葉の色や身の回りで見られる生き物が夏と比べて変化している**ことを説明し，季節に感心を持たせるようにしましょう。

㊹ おもちゃを　つくろう　44ページ

1 （省略）

アドバイス ○をつけたおもちゃについて，**なぜそのおもちゃを作りたいのか**聞いてみましょう。その理由をきっかけに，子どもの興味・関心を知ることができます。どんなふうに作ればよいかも考えさせ，実際に作ってみるとよいでしょう。

㊺ お手つだいが　できるよ　45ページ

1 （省略）

アドバイス ○をつけたお手つだいがあれば，ほめてあげましょう。子どもの好奇心を損ねないように，少々失敗してもしからないでください。お手つだいは**家族の大切さを知るよい機会**になるとともに，**子どもの自立**も助けます。積極的にお手つだいをさせるとよいでしょう。

㊻ むかしからの　あそび　46ページ

1 （省略）

アドバイス ○をつけた遊びについて，だれといつ遊んだのか，くわしく聞いてあげましょう。遊びのルールを子どもにつくらせてもよいでしょう。**子どもに自由に発想させて**，おとなと一緒に遊ぶことは貴重な経験になります。

㊼ ふゆが　きたよ　47ページ

1 （省略）

アドバイス ○をつけたことについて，**見つけた場所や周りのようす**をくわしく聞いてあげましょう。服装や気候を思い出させ，季節を感じさせましょう。また，ほかの季節との違いも聞いてみるとよいでしょう。

㊽ もうすぐ　2年生　48ページ

1 （省略）

アドバイス ○をつけたことがあれば，ほめてあげましょう。子どもとともに，この１年でできるようになったことを数えていくと，子どもは自分の成長に気づくでしょう。そのときの家族の気持ちも話してあげるとよいでしょう。子どもは**自分の成長と家族とのかかわりに気づく**ことができます。

こくご

㊾ ひらがなを　よむ ①　　49ページ

1　❶ ⓘ　❷ ⓔ　❸ ⓐ　❹ ⓞ
❺ ⓤ

(ⓐ=あ, ⓘ=い, ⓤ=う, ⓔ=え, ⓞ=お)

㊿ ひらがなを　よむ ②　　50ページ

1　❶ おじいさん　❷ おかあさん

2　❶ ㋒　❷ ㋑　❸ ㋐

アドバイス 拗音（ようおん）（小さい「や・ゆ・よ」）のほかに**促音**（つまる音）や**長音**（のばす音）も，はっきりとした発音で読めるようにしましょう。

51 ひらがなを　かく ①　　51ページ

1　❶ すいか　❷ とんぼ　❸ めがね
❹ さくら　❺ とけい

52 ひらがなを　かく ②　　52ページ

1　❶ じてんしゃ　❷ にらめっこ

2　❶ せっけん　❷ あくしゅ
❸ くじゃく

アドバイス 小さく書く「つ」「や・ゆ・よ」は，ます目の右上に書きます。

53 ことばの　きまり ①　　53ページ

1　❶ こうえん~~え~~　❷ はなび~~お~~
❸ おじぎ~~お~~

2　❶ へ　❷ は　❸ を　❹ は

アドバイス くっつきの「は・へ」は，「は」と書いて「わ」，「へ」と書いて「え」と読むことを身につけさせましょう。

54 ことばの　きまり ②　　54ページ

1　❶ すこしずつ　❷ ふくろう
❸ おねえさん

2　ど~~お~~ろ・つ~~ず~~き
　　う　　　づ

55 ことばの　きまり ③　　55ページ

1　❶ おわり　❷ 小（ちい）さい
❸ よわい　❹ おおい

2　❶ ひくい　❷ みじかい
❸ おそい

アドバイス 反対語は，セットにして覚えるようにしましょう。また，「高い」などは，「高い山」↔「低い山」，「値段が高い」↔「値段が安い」など，意味によって反対語が異なることを教えましょう。

56 しを　よむ ①　　56ページ

1　（1）ⓐウ　ⓘア

アドバイス 五十音の表（あいうえお表）にそって，一行のうちの上の二つの言葉が並んでいることに気づかせましょう。

57 つなぎことば ①　　57ページ

1　❶ だから　❷ けれども
❸ それから　❹ だから
❺ けれども

アドバイス 前後の文の関係をとらえましょう。❶・❹は，前の文が後の文の理由を表しているので順接，❷・❺は，前の文と対立する意味の文が後にあるので逆接のつなぎ言葉（接続語）が入ります。❸は，前のことがらに，後のことがらをつけ加えるつなぎ言葉が入ります。

(58) つなぎことば ② 58ページ

1 ❶ので ❷ば ❸ば ❹ので
❺のに

(59) てんと まる ① 59ページ

1 

2 

アドバイス 句読点は，たて書きの場合，ます目の右上に書きます。

3 ❶右(みぎ)に ○ ❷左(ひだり)に ○

(60) てんと まる ② 60ページ

1 左(ひだり)に ○

2 ❶（わたしは）、（本(ほん)を よむ）。
❷（ぼくは）、（ともだちと あそぶ）。
❸（ぼくは）、（うたを うたう）。
❹（わたしは）、（じてん車(しゃ)に のる）。

アドバイス 読点（、）は文の意味の切れ目に，句点（。）は文の終わりにつけます。

(61) かたかなを よむ ① 61ページ

1 ❶(い) ❷(え) ❸(お) ❹(あ)
❺(う)

(62) かたかなを よむ ② 62ページ

1 ❶(う) ❷(い) ❸(あ)

2 ❶トランプ ❷オムレツ

アドバイス **2**はそれぞれの言葉を，声に出して読むと，文字のまちがいに気づきやすいでしょう。

(63) かたかなを かく ① 63ページ

1 ❶コアラ ❷ナイフ
❸マット ❹タオル
❺ノック

(64) かたかなを かく ② 64ページ

1 ❶カ ❷シ ❸ソ ❹ン
❺リ ❻ヲ

2 ❶ガラス ❷ポケット
❸エプロン ❹スケート

アドバイス 「ア・マ」，「コ・ユ」，「シ・ミ」，「ス・ヌ」，「テ・ラ・ヲ」，「ナ・メ」なども形が似ているので注意しましょう。

(65) 文を つくる ① 65ページ

1 ❶（右(みぎ)から）（1）・3・2・4
（または）（1）・2・3・4
❷（右から）（1）・3・2・5・4
（または）（1）・2・4・5・3

アドバイス ❶「ともだちと」と「こうえんへ」はどちらも「いきました」を修飾するので，入れかえても文意は同じです。
❷「としょかんで」と「本を」はどちらも「よみました」を修飾するので，入れかえても文意は同じです。

(66) 文を つくる ② 66ページ

1 （右(みぎ)から）2・1・3

2 ❶つぎに ❷さいしょに
❸とうとう

アドバイス 「さいしょに」「つぎに」「とうとう」など，文の順序を表す言葉に注意して，文章を組み立てるようにしましょう。

㊲67 しを　よむ ②　67ページ

1 (1)はしる(こと。)

(2)イ

アドバイス「たった　たった　たった　たった」など，リズミカルな詩です。元気に読むと，この詩の内容に合います。

68 しを　よむ ③　68ページ

1 (1)ぎょうざ

(2)おかあさんと　ぼく

アドバイス「おかあさんとぼく」がぎょうざを焼いている場面の詩であることを読み取らせましょう。

69 かん字の　よみかき ①　69ページ

1 ❶じゅう(とお)・ひゃく

❷め・みみ　❸あか・あお

❹て・あし

2 ❶山・川　❷大・木

70 かん字の　よみかき ②　70ページ

1 ❶大きい　❷小さい

❸上げる　❹下げる　❺入る

アドバイス 漢字と送りがなは，いっしょに書いて覚えるようにしましょう。

71 かたかなの　ことば ①　71ページ

1 ❶ぴあの　❷さらだ

❸ぺんぎん

アドバイス 外国から来た言葉は，かたかなで書きます。「ぴあの」「さらだ」「ぺんぎん」を，かたかなで書いてみましょう。

2 ❶ジュース　❷ボールペン

72 かたかなの　ことば ②　72ページ

1 ❶フライパン　❷チョーク

❸キャベツ　❹ハンバーグ

❺ヘルメット

アドバイス ❷「チョウク」，❹「ハンバアグ」と書かないように注意しましょう。

73 文しょうを　よむ ①　73ページ

1 (1)おつかいに　いった　とき。

(2)おとうと　(3)イ

74 文しょうを　よむ ②　74ページ

1 (1)わたしも　大(おお)きく　なったら　おかあさんみたいに　おいしい　ごはんを　たくさんつくりたいな。かぞくや　おともだちに　たべさせて　あげたいなあ。

(2)イ

アドバイス 文章の最後に「…とあきこちゃんはおもっています」とあることに注目しましょう。

75 かん字の　よみかき ③　75ページ

1 ❶ようか　❷むいか

アドバイス「二日」「三日」「二十日」も，正しく読めるようにしておきましょう。

2 ❶ついたち　❷よっか

❸いつか　❹なのか

❺ここのか　❻とおか

⑯ かん字の　よみかき ④　76ページ

1 ❶右・左 ❷女・男 ❸天・雨
❹上・下 ❺大・小

⑰ 文しょうを　よむ ③　77ページ

1 (1)(れい)かぶと虫(むし)を　じぶんで　つかまえる　こと。
(2)(れい)そっと　ほった。

アドバイス (1) 答え方に気をつけましょう。「してみたいこと」を問われているので，「～こと」と答えます。

⑱ 文しょうを　よむ ④　78ページ

1 (1)(順(じゅん)はどちらでもよい)クッキー・あめ
(2)ア

アドバイス 小さい女の子がころんでおかしを落としてしまい，はんべそをかいていたので，なおこちゃんたちがなぐさめている場面です。

⑲ かん字の　よみかき ⑤　79ページ

1 ❶王・玉 ❷見・貝 ❸人・入
❹右・石 ❺上・土

アドバイス ❶「玉」は点の位置に注意。❷「見」の七画目は上にはねます。「貝」の七画目はとめます。

⑳ かん字の　よみかき ⑥　80ページ

1 ❶小さい ❷休む ❸早く
❹正しい ❺生まれる

㉑ 文を　つくる ③　81ページ

1 ❶どんな ❷どこ ❸どれ
❹どうして

アドバイス ❶は仕事の内容を，❷は本を買った場所をたずねる文にします。❸の「どれ」は，数ある物のなかで，これと特定できない物を指すときに使う言葉です。❹は理由をたずねる文にします。

㉒ 文を　つくる ④　82ページ

1 ❶そろそろ ❷なかなか
❸ひそひそ ❹とうとう

アドバイス ものの様子や程度を表す言葉を入れて文をつくります。❷「なかなか」は，「なかなか…できません」のように，後に打ち消しの言葉がくると「容易ではない」という意味になりますが，「なかなか面白い」のように，後に打ち消しの言葉がこない場合には，「ずいぶん」「かなり」という意味になります。

㉓ 文しょうを　よむ ⑤　83ページ

1 (1)ゆき山(やま)　(2)しゅん(くん)
(3)ゆきだるまを　つくるのがたのしみだ(な)

㉔ 文しょうを　よむ ⑥　84ページ

1 (1)①…きのう
②…学校(がっこう)の　うら山(やま)(へ)
(2)おちばの　うら　(3)ア